YOBEL
ヨベル新書
048

乱気流を飛ぶ

——旧約聖書ダニエル書から

藤本　満［著］

YOBEL,Inc.

装丁　ロゴスデザイン：長尾 優

まえがき

「恐れるな、ダニエル。あなたが心を定めて、悟りを得ようとし、自分の神の前で自らを戒めようとしたその最初の日から、あなたのことばは聞かれている」

（ダニエル書10・12）

ダニエル書は、聖書の中で最も魅力的、直接的に神の声が読者の心に響いてくる書物でしょう。旧約聖書の民イスラエルがバビロニア帝国に囚われ、捕囚の大勢の中からダニエルという青年が抜擢され、特別教育を施されました。彼は異教バビロニアの大学で教養を身につけ、やがて政府高官として貢献します。世のさまざまな抵抗に遭いながらも信仰を全うし、神に愛され、導かれ、守られていきます。ダニエル書全体で、ダニエルにふりかかるさまざまな危機的状況が描かれていくとき、私たち誰もが、課題多き世界に生きる自分の姿とダニエルを重ねることでしょう。

ダニエルは、自分の信仰、価値観、生き方をまったく理解してもらえないで生きていました。当時にあっては超大国のバビロニアは国際社会です。そこで旧約聖書の民として、神を礼拝し、自分の信仰を守り通そうとします。そこに生じる摩擦や危機にあって、神は不思議にもダニエルを助けて守ってくださるのです。ダニエルに悪意を抱く人びとは海の波のように彼に迫ります。しかし、不思議にも彼は仲間に愛され、人びとから尊敬され、またその仕事ぶりはひいでていました。

冒頭に掲げた神のダニエルへの語りかけの言葉は、激動の時代を生き抜いたダニエルに神が語りかけた言葉です。イスラエルがバビロニアに捕囚に捕られた期間は70年でした。イスラエルを捕囚に捕ったバビロニアはペルシアに滅ぼされます。いやさらに、世界が移り変わり、ペルシアは急成長するギリシア帝国にのまれていきます。まるで黙示録に登場するヨハネのように、神は晩年のダニエルにそれらの幻を見せてくださいました。

ダニエルは不安になります。しかし、社会の変動、遠い将来のことまでダニエルに見せてくださった神の御心は、明白であるように思います。

――ダニエルよ、恐れるな。この世界が変動し、その中を生きる民、そして人びとが翻弄されることは確かであっても、それらすべての中にあって、わたしは愛する者たちを守る。そして世界はわたしの手の中にある。わたしの計画は揺るがない、と。

青年の頃、「心を定めて」神を愛そうと思ったダニエルを、神は最後の最後まで愛し、導き、守ってくださいました。日本に生きる私たちの境遇から、ダニエル書を読み直してみることは、大きな励ましと信じています。若きキリスト者にとっても、実社会でもがきつつ生きる実年層の方々にとっても、また晩年にあってこれまでの世界の流れを大局的に見ながらため息をついている方々にとっても、将来を不安に思っている方々にとっても、ダニエル書は励みとなります。

本書に記したことは、30年近く前に、高津教会で牧師の働きを始めた頃、祈祷会で共に学んだことがベースになっています。その後、インマヌエルの信徒教養誌で、さらに月刊誌『恵みの雨』（新生宣教団、今は閉刊）に連載を書かせていただきました。それらを土台に、2013年に『乱気流を飛ぶ――旧約聖書ダニエルから』として電子書籍を出版（インマヌエルの大津博子さんが制作）、それをこの度、ヨベルの安田正人さんのご厚意で、さらに原稿を整えていただき、紙本、しかも新書版でお届けできることを心から感謝しています。

インマヌエル高津教会牧師　藤本　満

もくじ

Michelangelo Buonarroti 1475 – 1564
The Prophet Daniel

乱気流を飛ぶ――旧約聖書ダニエル書から

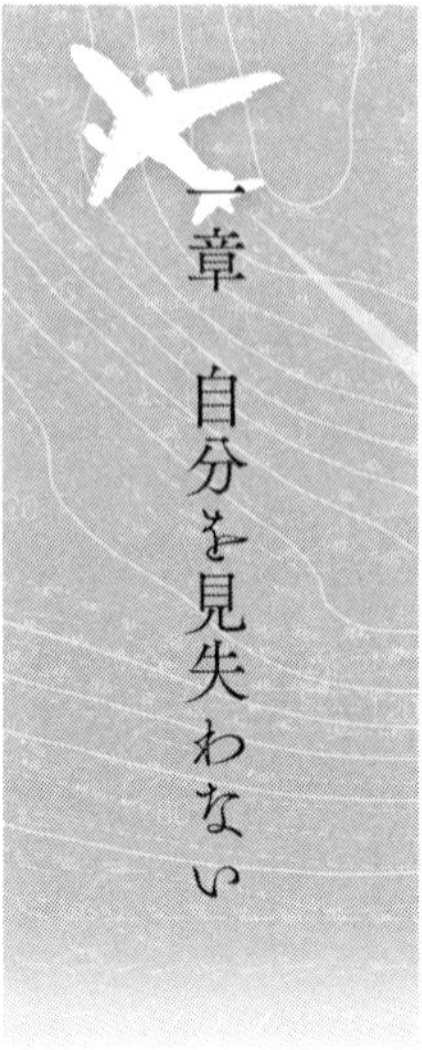

一章　自分を見失わない

「ユダの王エホヤキムの治世の第3年に、バビロンの王ネブカデネザルがエルサレムに来て、これを包囲した。……王は宦官の長アシュペナズに命じて、イスラエル人の中から、王族か貴族を数人選んで連れて来させた。その少年たちは、身に何の欠陥もなく、容姿は美しく、あらゆる知恵に秀で、知識に富み、思慮深く、王の宮廷に仕えるにふさわしい者であり、また、カルデヤ人の文学とことばとを教えるにふさわしい者であった。」（ダニエル書1・1〜4）

ロサンジェルスを飛び立って11時間、ようやく成田空港に近づいて来た時、大きく機体の揺れを感じていました。シートベルトを締め、フライト・アテンダントの方々も座席に着き、高度を下げ、飛行場の一角が少し視界に入ったあたりで、機体が激しく揺れました。主翼がきしむほどの揺れでした。急にエンジン出力をあげ、機体は一気に上昇したと思うと、その後、機長からのアナウンスです。

「滑走路が混雑しているので、上空で待機します」

このアナウンスを聞いたとたん、機内に緊張が張りつめました。

「うそはいかん！」

混雑しているのなら、着陸態勢に入るわけがありません。異常事態なのか？　私はフライト・アテンダントの顔をじっと見ていました。彼女の緊張も見て取れました。

飛行機はぐるりと成田上空を旋回し、再び着陸態勢に入りました。またも激しい揺れがありました。しかしそれに耐えてさらに高度を下げると、最後はすーっときれいに着陸しました。

あれは、何だったのだろう？

空港を出ると、道路に木々の枝が散らばっていました。

帰宅して夕方のテレビのニュースで知ったのですが、午後3時頃、千葉の一帯でゴルフボール大の雹が降り、車の屋根や窓ガラスに大きな被害が出たとのことでした。急激に天候が変化して、大荒れだったというのです。

私が乗っていたのはサンフランシスコからの便でした。素人の常識では想像を超えた悪天候を、これまでパイロットは幾度も切り抜けてきたのでしょう。どんなベテランでも、天候をコントロールすることは到底できません。それでも、彼らは気流の方向や強さと機体との関係を把握していくのでしょう。ベテランになれば、あれほど乱れた空間でも、機体をしっかりと操縦するようになれるものか、と改めて感心した出来事でした。

乱気流の中を

乱気流にもまれても、その勢いに翻弄《ほんろう》されず、自分の信仰姿勢を保つことができる——これこそ、世にあるキリスト者の目標ではないでしょうか。

この目標を心に刻んでダニエル書を読んでいくのが、今回のシリーズのねらいです。ダニエル書を選んだ理由は単純です。

それは、彼の置かれた状況が、私たち日本のクリスチャンと非常に似ているからです。

ダニエル書は、ネブカデネザル（ネブカデネザル2世は新バビロニア王国の2代目の王である、紀元前634年～紀元前562年、在位紀元前605年～紀元前562年。）のバビロニア帝国を舞台とします。

紀元前7世紀後半、バビロニア（バビロンはバビロニアに統一しました。ただし、聖書の表記はそのままにしています。）帝国は、アッシリアを征服して、地中海東岸全域を支配しました。

ユダの王国は音を立てて崩れ、エルサレムの神殿は廃墟と化し、民は捕囚としてバビロニアに連れて行かれます。

そこで彼らを待っていたのは、自分たちの信仰と信念を全く理解しない異教の社会でした。

突如として、全く異質の価値観に包囲されてしまいました。

その中で果たして、ユダの人々は信仰を貫いて神の御前を生きることができるのでしょうか？

それとも、バビロニアの勢いに呑まれて、周囲に埋没してしまうのでしょうか？

それは異教の文化と価値観に囲まれて生活する私たちにとっても同じ問いです。

様々な処世術

実際、捕囚の民はどのようにバビロニアの環境へ適応していったのでしょうか。おそらく、3つのグループに分かれたことでしょう。

第一に、この国で生き残るために、エルサレムを忘れようと努力した人たちです。バビロニアは国際都市です。現代でも貴重な考古学的史料が集中して発見される地域です。

ネブカデネザルは、大きな植物園を造りました。図書館もありました。彼は、植民地から連れてきた優秀な人材を引き抜いて、国際人として優遇する政策を採ります。ユダの人々の中には、狭い故郷を忘れて、国際人として活躍するため、積極的にチャンスを掴んだ人もいたことでしょう。

そのためにいちばん障害となるのは、イスラエル特有の信仰と習慣です。このグループの人々は、さした抵抗もなく、一時も早くエルサレムを忘れ、バビロニア人として生まれ変わろうと決意しました。時代は流れているのです。その流れに乗って、新しい環境にあわせて生き残る道です。いわば、カメレオンのような変化《へんげ》です。茶色の枝の上に乗れば、茶色に変化し、緑の葉上に乗れば、緑になる。その場その場で、自由自在に色を変えて、世の中の色にすっかりと染まって生き残りをかける人々です。

第二に、それとは全く反対の方向へ走った人々もいました。彼らは、頑固《かたくな》に、今まで以上に伝統にしがみつきます。バビロニアの活動にはいっさい参加しない、なるべく近寄らない。彼らは、地域に溶け込んだり、地域の活動に参加したりすることは、即、異教に染まることであると判断しました。そして、ひたすら孤立の道を選ぶことで、信仰を守ろうとしたのです。蓑虫のように殻に閉じこもって、取り巻く社会と接しないことが、信仰を守る唯一の手段と考えた人々です。やがて、こうしたグループがパリサイ派という、厳格な伝統主義者を形成していきます。

住む地の祝福を祈れ

言うまでもなく、ダニエルは、この2つのグループには属しませんでした。彼が身を置いた第3のグループは、どのような指針にて異教の世界に生きたのでしょうか。それを、エレミヤ書29章4～7節に見いだすことができます。

「万軍の主は、こう仰せられる。『エルサレムからバビロンへ私が引いて行かせたすべての捕囚の民に。家を建てて住みつき、畑を作って、その実を食べよ。妻をめとって、息子、娘を生み、……そこでふえよ。減ってはならない。私があなたがたを引いていったその町の繁栄を求め、そのために主に祈れ。そこの繁栄は、あなたがたの繁栄となるのだから。』」

バビロニアの中に入り込み、その市民として長期にわたって生活する計画を立てなさい。そこに住んでしまいなさい。その異教世界で消極的になったり、諦めたりすることなく、その環境や状況に協力して、そこでの繁栄を祈り求めなさい、という主旨です。一言で言えば、バビロニアの中に入って行って、そこで、神を信じる者として、影響力のある人物になりなさい、ということでしょう。

ダニエルは、知恵を用いながら、大胆にバビロニアの中枢に入っていきます。しかし、中枢に身を置きながらも、押し寄せる世の波に流されるのではなく、神から与えられた知恵と力で、逆にその流れを変えてしまうほどの影響力を持つようになります。

地の塩、**世の光**です。ダニエルは、世の人々が持ち合わせていないものを持っていました。それは、彼のうちに宿る神の霊によって備えられた人格と才能でした。その賜物をもって、彼はネブカデネザル王の夢を解きます。その賜物は、国の行政の仕事にも力を発揮します。正直に誠実に仕事に当たりました。優しい人柄は周りを和やかにしました。これこそ、時のバビロニアが持ち合わせていないものであり、バビロニアが真に必要としていたものでした。

流れの中にありながら、流れに押されて生きるのではなく、流れを押し、それを変えて生きる――これが世にあるキリスト者です。

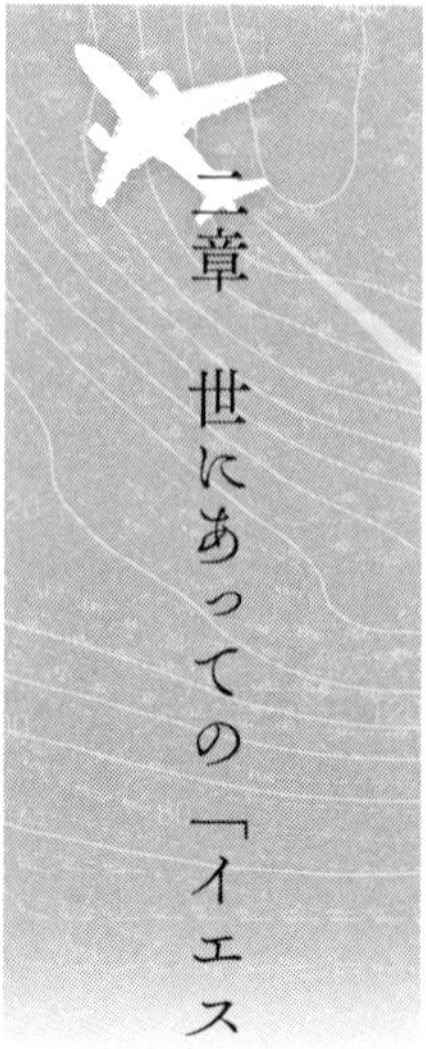

二章　世にあっての「イエス」と「ノー」

「ダニエルは、王の食べるごちそうや王の飲むぶどう酒で身を汚すまいと心に定め……」
（ダニエル書1・8）

積極的な姿勢

ダニエル書は、ダニエル、ハナヌヤ、ミシャエル、アザルヤの四人の少年で始まります。彼らはバビロニアの王ネブカデネザルがエルサレムを占領し、捕囚に連れてきたヘブライ人の中から将来王に仕えるためにより抜かれた青年でした。

ネブカデネザルのエリート校が門戸を開いたとき、四人は異教社会が提供する好機を無駄にはしませんでした。学びは「カルデヤ人の文学とことば」に関するものであり、その目的は、王の宮廷に仕えるにふさわしい人物を育てることにありました（6節　三年間、彼らを養育することにし、そのあとで彼らが王に仕えるようにした）。

奴隷として連れて来られた少年たちに、この機会を拒むような選択の余地はなかったに違いありません。しかし、聖書は、この四人が「ベルテシャツァル、シャデラク、メシャク、アベデ・ネゴ」というバビロニアの名前を受け、新しいスタートを切ったことを記録しています（7節）。ユダの人々にとっては、こうした異教的な改名は屈辱的であったに違いありません。しかし、この四人にそれを拒む権利はありませんでした。

神は、四人の少年に「知識とあらゆる文学を悟る力と知恵」を与えられました。「あらゆる」ということは、バビロニアやエジプトなどの異教文学全般を含んでいます。それらが宗教的な色彩の濃いものであったことは当然のことです。四人は秀でた成績を修めました（20節　知恵と悟りのあらゆる面で、彼らは国中のどんな呪法師、呪文師よりも十倍もまさっているということがわかった。）。

教育が終わったとき、ダニエルは王宮に仕え、他の三人はバビロニア州の事務をつかさどることになります（2・49）。彼らは、生涯、その人生を投じて、バビロニアに貢献することになります。たとえそれが異教の社会であっても、彼らは孤立することなく、拒むことなく、協力的な姿勢をとり続けました。

渦にのまれないために

しかし、そのような積極的な関わりを保ちながらも、四人は、バビロニアには依存しない、独立したスピリットを持っていました。端から見れば、100パーセント、バビロニアの人となったと思われる四人です。バビロニアにそこまで「イエス」と言っておきながら、状況次第では、生命さえも顧みず、明確に「ノー」と言うのです。四人は、心のどこかでバビロニアと常に距離を置いて生きていました。この距離は、彼らがバビロニアにあって活躍し、その恩沢《おんたく》（恩恵）を享受しながらも、決してバビロニアに呑まれないために、どうしても必要でした。この距離をもって、呪文師と同じように異教文学を学びながらも、唯一まことの神を崇め、カルデヤ人と同じように王宮に仕えながらも、神の御前に生きることができたのです。

彼らの発した最初の「ノー」が、冒頭に引用した聖句にあります。それは、王の食べるごちそうと王の飲むぶどう酒に対する「ノー」でした。まだ少年のころです。しかも、彼らの仕事どころか、いまだ学校における教育さえ始まる前の段階です。しかしそれは、やがて異教社会に生きている限り遭遇するであろう、様々な衝突を予想するかのような、そしてそれに対する勝利を確定するかのような、非常に意義深い「ノー」でした。

右を見ても、左を見ても、異教の社会にあって、私たちがどこで一線を引き、何に対して「ノー」というかは、重要な問題です。イエス・キリストは、私たちが外から食するもので汚れることはないと宣言されました（マルコ7・19イエスは、このように、すべての食物をきよいとされた。）。ダニエルは、旧約聖書の食事律法を厳格に守っていたでしょうから、その背景から、食事についてはことさら注意を払っていたと考えられます。しかし、それだけではないでしょう。彼らがいちばん気にかけていたのは、何を食べるかではなく、王のごちそうとぶどう酒の背景にある、退廃した生活や道徳のことではなかったでしょうか。

最初は食べるだけ、口にするだけ。しかし、そこから始まって、王の宴会にまつわる、様々な事柄に巻き込まれることを恐れたことでしょう。あるいは、奴隷の生活の中で苦しんでいる同胞のことを考えれば、自分たちだけがごちそうを食べていてよいものだろうか、という良心もあったに違いありません。

キリスト者は自由です。しかし、その自由を用いて、世的な世界に入っていくとき、あらかじめ自分と世の間に一線を引いておかなかったら、そのうちに、自分の信仰が世の中に溶けてなくなってしまう、そのことを危惧すべきです。「キリスト者として、これだけは譲れない」というものがあって当然なのです。

私はアメリカにいたとき、何度かナイアガラの滝を見に行きました。まるで湖全体が吸い込まれるかのように、分厚い水の層が垂直に落下します。あの激流に飲み込まれたら、抵抗のすべはありません。その数キロ下流に、川が谷間を直角に方向を変えて流れるスポットがあります。その上をケーブルカーが行き来をします。上から見ると、大きな渦は見えません。ゆっくりと水は流れていきます。

「なんだ、たいしたことない。日本には鳴門の渦というのがあって……」と茶化す私に、ケーブルカーのガイドがこういいました。

「上から見ているとそうでしょう。でもあのゆっくりとした水の動きの中で、浮いている物体で渦に巻き込まれて沈まない物は、何ひとつないのです」。

そう言われて、ゆったりと見えても、下へと引きずり込む力の大きさに感嘆したものでした。私たちを堕落へと引きずり込む力は、大瀑布《だいばくふ》のような激しいものだけではないのです。世の流れに乗っているだけで、浮いているもので川底に引き込まれないものはひとつもない、という大きな力があるのです。

心に定め

ここで注目すべきは、この四人は、それを食べるまい、飲むまい、と「心に定め」たことです。これは、「誓いを立てた」と訳すこともできます。強い決意を表す言葉です。私たちが世に生きているとき、その場その場で導きを得て、決断すべき事柄もたくさんあります。しかし、どうしても譲ることができない、妥協すべきでないというような信仰の最重要課題については、前もって心に定め、必要とあれば、誓いを立てて、自分をそのことに投げ込まない限り、守り通せるものではありません。そんなに世の中は甘くはないのです。

ダニエル書では、後にもう一度、この「心に定め」という表現が出てきます。ダニエルが終わりの日の幻を見て、意気消沈していたとき、天使ガブリエルが彼に語りました。

「恐れるな。ダニエル。あなたが心を定めて悟ろうとし、あなたの神の御前で遜ろうときめたその初めの日から、あなたの言葉は聞かれているからだ」（ダニエル書10・12）。

文脈からは、「初めの日」は、直接的には9・3を指すと考えられます。しかし、あの少年の日の決断にさかのぼって解釈しても、何ら問題はないでしょう。少年の日に決した世に対する「ノー」の故に、神は世にあるダニエルを多大な祝福をもって包まれたのです。

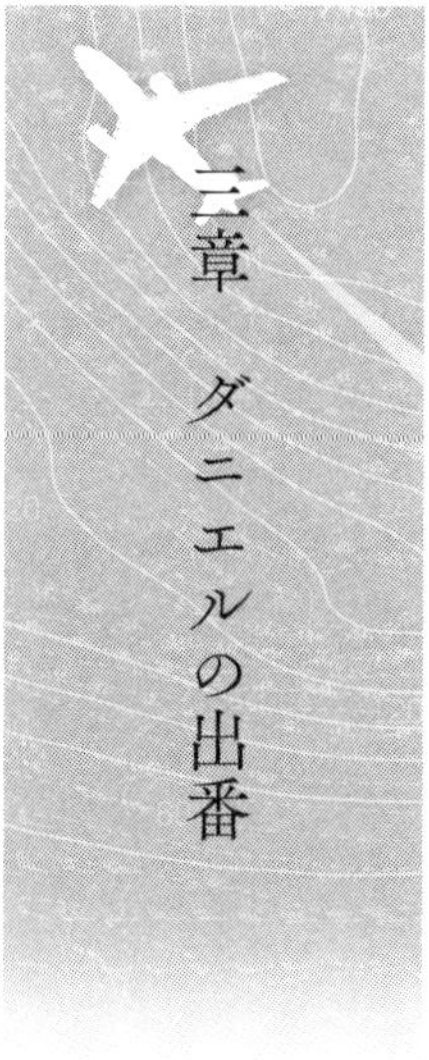

三章　ダニエルの出番

「ネブカデネザルは、いくつかの夢を見、そのために心が騒ぎ、眠れなかった。」

（ダニエル書２・１）

不安におびえるネブカデネザル

バビロニアの王ネブカデネザルは、あるとき不気味な夢を見ます。巨大な像が彼の前に立っています。頭は純金、胸と両腕は銀、腹とももは青銅、すねは鉄、しかし足の一部が粘土というもろさを抱えています。それが人手によらずに切り出された石によって、うち砕かれ、夏の籾殻《もみがら》のように木っ端みじんに砕けていきます。

なぜネブカデネザルは、このような夢を見たのでしょう。恐れるものは何一つないほどの権力・富・人気・尊敬、いっさいのものが自分の手の中にありました。ところが、当時の中東の文明の頂点に君臨する彼の心の中に、漠然とした不安がくすぶり始めます。人のいのち、王国の将来——明日を考えれば考えるほど、漠然とした問題が究極的な不安となって、繁栄にどっかり腰を据えるネブカデネザルの心を、闇の世界へとゆっくりと引き込んでいくのです。毎晩、夢にうなされ、とうとう不眠症に陥り、その目は不安におびえ、苛立つようになります。

おおよそ、将来を予見できそうな、人生の諸問題に超自然的な解決策を考えられそうな、呪法師・呪文師・呪術者たちを国中から集め、夢解きを要求します。もし失敗すれば、「あなたがたの手足を切り離させ、あなたがたの家を滅ぼしてごみの山とさせる」（2・5）と脅します。

普段は広い見地に立ち、冷静なネブカデネザルが、精神不安定になり、フラストレーションの極地に陥っていくのがよくわかります。夢の内容が気になって、精神的に疲れているのに、その問題に手も足もでないのです。彼は、いまここに、自分の権力と地上の才能を結集しても、どうすることのできない世界が存在することに気づき始めていました。

藁《わら》にもすがる思いで、呪術師を呼び寄せますが、ネブカデネザルは彼らを信用しません。夢の内容を教えてしまえば、架空の解き明かしをもって時間を稼ぐに違いない。夢の内容を教えてもらえなければ、解き明かしなどできるわけがないと呪術師たちが反論すると、「王は怒り、大いにたけり狂い」（12節）とあります。不安が疑いを生み、疑いが苛立ちとなり、ついには怒りとなって周りに当たり散らします。

ネブカデネザルは、心の奥底に隠された不安を持っている人の典型です。人は、そうした不安を酒でごまかし、遊びで晴らし、周りを疑い、理由もなく怒り、同僚や家族の者に当り散らすのです。

究極的不安

人生の究極的な不安というものは、ごく普通の人の毎日の生活から、ふつふつと湧いてきます。日常生活の端々で、自分の限界を思い知らされ、自分の人生を振り返っては、自分はなんのために生きているのだろうと疑問に思います。今は元気でも、この状態がいつまで続くのだろう。

ソロモンも、人生最高潮の時点で、こうした不安におびえます。酒と知恵と喜びで心を満たし、王宮と神殿を20年かかって建て上げ、持てる宝と金銀の財宝と数多くの家来を数えた後、彼は告白しました。

「なんと、すべてがむなしいことよ。風を追うようなものだ。日の下には何一つ益になるものはない。」（伝道者の書2・11）

ここで、ネブカデネザルが夢の解釈だけでなく、夢それ自体を告げるように命令したことに注目しましょう。それが夢であろうと人生の疑問であろうと、私たちが突き詰めて悩み始めますと、自分の中から答えが出てこないだけでなく、正しい答えを得るために、どのような質問をすればよいのかもわかりません。要するに、何もわからなくなってしまいます。

自分の外から差し込む光が必要なのです。そのようなときです。神のことばを持っている人、神のことばに生きている人が、世にあって求められ、頼りにされるときです。

神とバビロニアとの間に

かつて、王の食事の問題のとき、きっぱりと「ノー」と言い切り、バビロニアの文化風習を拒否したダニエルが、今度は積極的にこの問題と関わるようになります。身に迫った悲劇的な状況に対して、自分の体を張って王の前に出ていきます。私たちが、この世と一線を引いて、聖別の態度をもってこの世に接することは、大切なことです。譲ることができないこと、妥協することの許されないことがあります。しかし、いまこの場面で、ダニエルは不可欠な存在として大胆に前に出ます。世の人々が全く無力な中で、彼だけが神に全く信頼して、勇気をもって行動しています。

神と世との間に立つ、それがクリスチャンの使命です。そうした私たちに、ダニエルは二つの模範的な指針を与えてくれます。

（1）まずダニエルは、細心の注意をはらって行動しています。そこには、薄っぺらな自負といったものはみじんもありません。自分が助言するときに、何かを教えてやろうなどという高ぶりはありません。王のたけり狂った命令が発せられたとき、ダニエルは、知恵と思慮をもって、王の使者に応対しています（14節）。間《あいだ》に身を置くためには、謙遜な姿勢が必要です。

また彼は、夢の解き明かしを神から得るまで、緊張の連続の中を過ごしています。当然、自分の祈りを持ってしても、自分の全力を持ってしても不安であったダニエルは、すぐに信仰の友の助けを借りています。

「それから、ダニエルは自分の家に帰り、彼の同僚のハナヌヤ、ミシャエル、アザルヤにこのことを知らせた。」（17節）

（2）無理難題をネブカデネザルから押しつけられたとき、ダニエルは他のバビロニアの宗教家とは全く違う反応を示しました。彼らは「のお尋ねになることは、むずかしいことです。……共にされない神々以外には、それを王の前に示すことのできる者はいません」（11節）と、限界の中に屈していますが、ダニエルは暫くの時を与えられるよう願い、つぎに「天の神のあわれみを請い」、祈りに入ります（18節）。

自分では不可能であるのは、ダニエルにとっても同じです。しかし、即答で「できない」と応えてしまう代わりに、ダニエルは祈りと信仰によって応対します。必要なときであれば、どのような問題をも解決できる知恵を、神は必ず与えてくださる。どのような恐れにも立ち向かうことの出来る力を与えてくださる、との信仰です。私たちが苦難の中を通過するとき、どこへ導かれるのか分からなくて、不安と焦りを感じるものですが、神は、初めから解決の道を知っておられます。

ダニエルには確信がありました。神は間《あいだ》にあって助けてくださる。全的に信頼している者を、神は決して辱《はずかしめ》なさらない。自分自身は弱く、王に進言する立場にないこと、また取り組んでいる問題が非常な難題であることを十分承知で、彼はこの問題に首を突っ込んでいくのです。――慎みと勇気と信仰です。これが世にあるキリスト者に求められています。

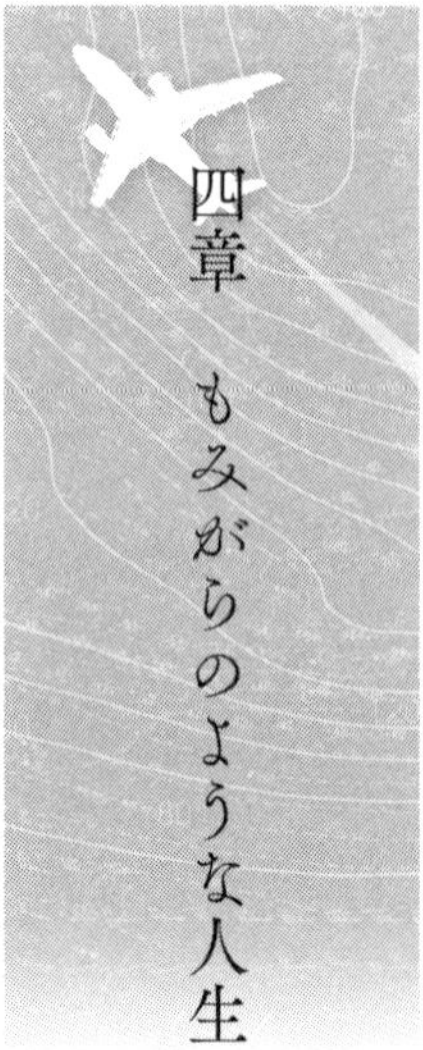

四章　もみがらのような人生

「ネブカデネザルは、幾つかの夢を見、そのために心が騒ぎ、眠れなかった。」

（ダニエル書2・1）

[31] 王さま。あなたは一つの大きな像をご覧になりました。見よ。その像は巨大で、その輝き
は常ならず、それがあなたの前に立っていました。その姿は恐ろしいものでした。[32] その像は、
頭は純金、胸と両腕とは銀、腹とももとは青銅、[33] すねは鉄、足は一部が鉄、一部が粘土でした。
[34] あなたが見ておられるうちに、一つの石が人手によらずに切り出され、その像の鉄と粘土
の足を打ち、これを打ち砕きました。[35] そのとき、鉄も粘土も青銅も銀も金もみな共に砕けて、
夏の麦打ち場のもみがらのようになり、風がそれを吹き払って、あとかたもなくなりました。

そして、その像を打った石は大きな山となって全土に満ちました。」（ダニエル書2・31〜35）

夏の麦打ち場のもみがらのよう

ネブカデネザルが見た夢の内容を、天からの啓示によって（19節）、ダニエルが説明している箇所です（31節以下）。しばらくすると、ダニエルはその意味を解きあかします。輝きと力に満ちた、巨大な像です。人間が作り上げた、一見、不動に見える帝国文化です。金の頭はネブカデネザル、銀からなる部分は後のペルシャ、青銅からなる部分はギリシャ、鉄からなる部分はローマの帝国と想像されます。

バビロニア（バビロン）帝国に残された時間は短いのです。歴史の過程と進展の中で、ネブカデネザルがどんなにあがいても、次の帝国の台頭へと世界は進み行くものです。しかも、像の土台となるべき足の部分を見ますと、無意味なことに、その一部が鉄、一部が粘土でできています。次々に人間社会が変遷していく中、それは全体として弱々しい矛盾した土台の元にあり、崩れさる運命にあります。

しかし、人間の歴史が築き上げた偉大な像が崩壊するとき、その原因は脆弱《ぜいじゃく》な足にあるのではありません。「一つの石が人手によらずに切り出され」、その石が人間の作り上げたものを打ち砕くのです。像が自然に崩壊するのではなく、劇的に、神の石によって像全体が粉々に砕かれ、跡形もなくなり、最後にはその像を砕いた大きな石は大きな山となり、全土に満ちました。キリストを礎石とする神の国です。

これが、今の時代の揺れ動く世界情勢に対して、私たちが宣《の》べ伝えなければならないキリストです。世界の歴史の中で、台頭しては滅んでいく国々の数々は、粘土の足を持ったやがては粉々になる人間の王国です。ソビエトと東欧が解体して、世界の地図が塗り替えられました。アフリカの独裁国家が崩壊します。文明の末期症状が顕著なアメリカ、粘土のようにもろい経済基盤に支えられた日本、世界情勢に敏感な人ほど、ネブカデネザルの夢に出てきた巨大な像がリアルに見えるはずです。

「だから、神である主は、こう仰せられる。
『見よ。わたしはシオンに一つの石を礎として据える。これは、試みを経た石、堅く据えられた礎の、尊いかしら石。これを信じる者は、あわてることがない。』」
（イザヤ書28・16、Ⅰペテロ2・6　見よ。わたしはシオンに、選ばれた石、尊い礎石を置く。彼に信頼する者は、決して失望させられることがない。）

崩れ去るのは、政治的な国家だけではありません。私たちの中にある数々の小さな王国、仕事、将来設計、家庭、人間関係、健康、それらはすべて粘土の足を持っています。それが信仰をもってキリストという大きな岩に据えられない限り、ただ無用にあわてふためく毎日です。

子どもは海辺で砂のお城を造ります。大人も夢中になります。城壁を建てて、大きな見張りの塔を造って、しっかりと固めて、波の進入に耐えられるように堀を巡らします。砂のお城の仕上げは、城の門を守るオブジェです。

「なんだい。これは？　カメ？　カニ？」

「これはね、お城の守り神だよ」

少年は誇らしげに自慢しました。私たちは崩れ去る宿命にある砂のお城を、砂の守り神を建ててむなしく守ろうとするのです。

神の国は、あらゆるものを排除して、この世のただ中に進入してきます。そのとき、私たちの築いてきた小さな帝国を神に献げ、神の国へと道を譲り、「ひざを屈めて、イエス・キリストは主である」と告白できたらなんとすばらしいことでしょう。今まで、自分のものだと思っていた、趣味も勉強も、家庭も仕事も、この人生すべて「主よ、あなたのものです」と、献げることが出来ますように祈ります。たとえ滅び行く者でも、私たちが「生ける石として、霊の家に築き上げられる」（Ｉペテロ２・５）とき、神の国を主とともに治める栄光をいただくことができます。

ネブカデネザルの反応

ダニエルの夢解きに耳を傾けながら、ネブカデネザルは自分が真理に直面して立たされていることを知ります。彼はダニエルの言うことを疑うことも、否定することもなく、目を上げて神の国の到来を信じることができました。

「あなたがこの秘密をあらわすことができたからには、まことにあなたの神は、神々の神、王たちの主、また秘密をあらわす方だ」（２・47）

と告白し、ダニエルを高い位につけます。

もっとも、ネブカデネザルの反応は、悔い改めに導かれるほど深いものではありませんでした。次の三章で、彼は金の像を作って、全人民にそれを拝むように強要しています。時として、神の深い真理が人生の上っ面を霞《かす》め、その人を変えたかに見えるのですが、実際はたましいの深いところまで届いていなかったということがあります。モーセがイスラエルの解放を迫ったエジプトの王や、イスラエルの第一代目の王サウルがそうでした。この章のネブカデネザルもまた同じです。

しかし、ネブカデネザルは本物の信仰へ向けてよいスタートを切ったと言えるでしょう。彼が自分の王国の将来と自分の人生の行く末に悩みを抱いたというところから、話は始まりました。そして、彼がその目を自分の問題から、来るべき神の国へと目を移すことができたとき、問題は解決へと方向転換をしました。人生の問題はいつもそうです。私たちが問題の解決を自分の中に探したり、人の中へ求めたりしている間は、解答は得られません。あらゆることを通して、いつも神の国の礎石である主に帰らない限り、問題の解決はいつもその場限りのものになってしまいます。

ネブカデネザルほどではありませんが、私たちにも、今まで作り上げてきたものがあります。自分の財産がそうです。家庭や仕事がそうです。そして、何よりも、自分自身です。体、心、人生、私たちはそれを豊かにするために、これまで努力を重ねてきました。

その大きな像を、そっくりそのまま、キリストという不動の礎《いしずえ》の上に据え変えることが、求められています。築き上げた像のすべてを、自分のためではなく、神の栄光のために、神の御手《みて》の中で用いていただくことです。

ネブカデネザルはほんの一瞬でしたが、信仰生涯の入口にまで来ることができました。やがて四章で、さらに過酷な試練の中、彼は主権者である神の御前に遜《へりくだ》り、信仰を告白しています。

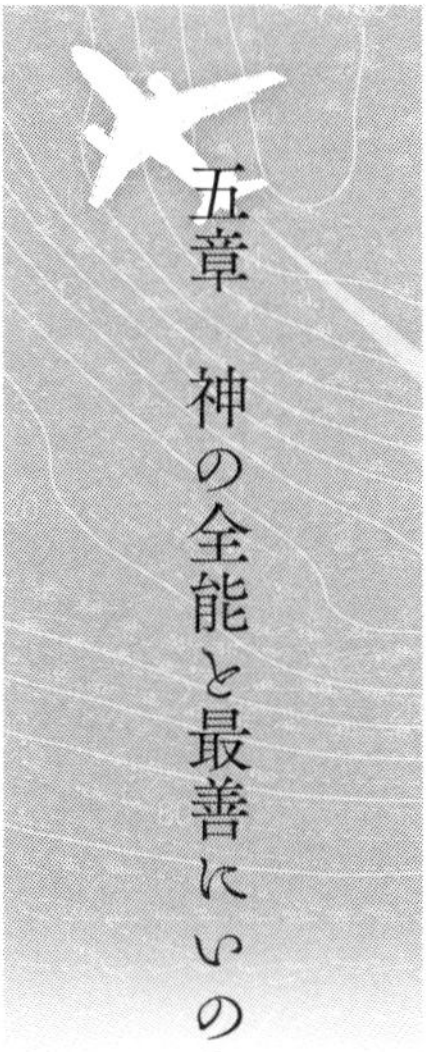

五章　神の全能と最善にいのちをかける

17もし、そうなれば、私たちの仕える神は、火の燃える炉から私たちを救い出すことができ
ます。王よ。神は私たちをあなたの手から救い出します。
18しかし、もしそうでなくても、王よ、
ご承知ください。私たちはあなたの神々に仕えず、あなたが立てた金の像を拝むこともしま
せん。（ダニエル書3・17〜18）

国家宗教を前に

ある日、バビロニア州のドラの平野にやぐらが組まれ、黄金の像が据えられました。

金の像の正体は不明です。それは高さ約27メートル、幅2・7メートル（1節　高さは六十キュビト、幅

は六キュビト、1キュビトは四四センチメートル。）の金の像でした。この像が、どのような神々を象徴しているのか、記されていません。

三章には、この像の奉献式の模様が詳しく記されています。「太守、長官、総督、参議官、財務官、司法官、保安官、および諸州のすべての高官」（2節）とありますように、中近東の統一を果たした、バビロニア帝国の政府の要人全員が参列します。各地の政府関係者も列席しました。ネブカデネザルがこの像の前に立ったとき、「角笛《つのぶえ》、二管《にかん》の笛、立琴、三角琴、ハープ、風笛《かざぶえ》、および、もろもろの楽器」（15節）が演奏をします。その音と共に、全員がこの像を拝むというのが式典の内容です。

バビロニア（バビロン）帝国は、後に台頭するペルシャ、ギリシャ、ローマなどの国際的な帝国の初めに登場します。様々な民族と文化の混在する帝国の中で、その統一を図るために、国家は様々な方策を考えます。例えば、言語統一、通貨統一、法律による統一などです。その中で、最も初歩的で一般的な方法が、宗教による統一です。これが文化や価値観の中に最も浸透しやすく、最も効果を上げることができます。仏教を国家宗教として積極的に導入していった奈良や平安時代の歴史の中にも、それを見ることができます。

金の像を楽器の音を合図に一斉に拝むということが、国家としての一体感を生み出すというのがネブカデネザルのもくろみでした。地方から集まってきた高官の中には、独自の宗教と信仰を持っていた人々もいたでしょう。しかし、これが〈国家行事〉であるからには、個人の信仰には目をつぶって、ともかく命令に従ってもらわなければ困る、という論理がここにあります。これは個人の信仰の問題ではない、文化や国民性の問題である、というわけです。

これこそ、天皇にまつわる行事や靖国参拝、国家神道の様々な問題におしなべて用いられてきた論理です。ネブカデネザルは、違反する者は「燃える火の中に投げ込まれる」という罰則をつけて、この命令に絶対的な強制力を帯びさせます。これもまた、日本の歴史の中でしばしば見られてきたことです。

さて、シャデラク、メシャク、アベデ・ネゴの三人は、この像を拝むことを拒否します。

三人は、王の強硬姿勢に対して「このことについて、あなたにお答えする必要はありません」（16節）と自分たちの信仰に妥協の余地のないことを明確にします。世に対する宣言です。そして、その宣言に自分のいのちをはります。三人が、世を前にしていのちをかけて告白した信仰に、私たちはクリスチャン信仰の大原則を見いだすことができます。

信仰告白

17〜18節の流れに注目しましょう。
・もし、そうなれば、私たちの仕える神は、火の燃える炉から私たちを救い出すことができます。王よ。神は私たちをあなたの手から救い出します。
・しかし、もしそうでなくても、王よ、ご承知ください。私たちはあなたの神々に仕えず、あなたが立てた金の像を拝むこともしません。

まず、三人は、たとえ燃える炉の中に投げ込まれたとしても、神は私たちを救い出すことができるという神の全能を堅く信じていることを宣言します。

次に「もしそうでなくても」という摂理的な状況を想定し、そうなったとしても信仰は変わることがなく、金の像を拝むことをしません、と告白しています。

これこそ、クリスチャンの信仰生活になくてならぬ〈信仰の二本柱〉です。神の全能を信じて生き、同時に、神の摂理の最善に自らをゆだねて生きることです。

神の全能を信じて

クリスチャン信仰は、神の全能を土台にした信仰です。私たちが困難な問題にぶつかって、悩んでいるとき、主は弟子たちに対してされたように、私たちをじっと見つめて言われます。

「それは人にはできないことですが、神は、そうではありません。どんなことでも、神にはできるのです。」（マルコ10・27）

祈る私たちの心の中に疑いのひとかけらが混ざり「もしおできになるのなら」という一言をつけ加えるとき、主は不信仰を叱って言われます。

「できるものなら、と言うのか。信じる者には、どんなことでもできるのです。」
（マルコ9・23）

この信仰よって私たちは救われ、希望にあふれた不屈の者となるのです。

しかし、それだけでは、現実の問題に立ち向かうことはできません。サマセット・モーム（William Somerset Maugham, 1874~1965）の代表作『人間の絆』にフィリップという名の少年が登場します。彼は、不自由な足に生まれました。小さな時に両親を失い、牧師である叔父に育てられます。彼は、ある日、神を疑うことなく信じるならば、山をも動かすことができると教えられます。これを聞いた彼は、毎晩寝る前にこうお祈りします。

「神さま、この足をまっすぐにしてください」

翌朝、期待とともに目覚め、そっと毛布をはがして自分の足を見ても、それは以前と同じく曲がったままでした。「信仰が足りないんだ、疑っては駄目なんだ」と彼は、必死に信じるのですが、足はそのままです。やがて彼の心は傷ついて、信仰を失ってしまいます。フィリップは、祈りが答えられないとき、まず自分の信仰を疑います。次に彼は神の愛を疑い、最後に神に怒りさえを感じるようになります。

神の最善を信じてゆだねる

信仰は、全能の神を信じるだけでは、ぽっきりと折れてしまいます。なぜなら、「もしそうでなくても」という可能性が常に存在するからです。私たちの願いと神の思いは必ずしも同じではありません。私たちの時と神の時、私たちの方法と神の方法とが異なるのが現実です。しかし、異なっていても、神の思いは私たちにとって最善である、と信じるのです。なぜなら、神は私たちのことを愛してくださる天のお父さまだからです。父は子どもためにに最善を願うものです。

シャデラク、メシャク、アベデ・ネゴの三人の信仰告白を、イエスさまのゲツセマネの祈りに重ねることができます。主は、「あなたにおできにならないことはありません」という全能の神への信仰を告白され、同時に「私の願うところでなく、あなたの御心のままをなさってください」と神の最善にゆだねて祈りを閉じておられます。

三人の信仰告白は、世に対する証しでした。いのちをかけて提示した証しです。それに神がどう答えられるのか、次章をご覧頂きましょう。

六章　炉の中を、主と共に

すると王は言った。「だが、私には、火の中をなわを解かれて歩いている四人の者が見える。しかも彼らは何の害も受けていない。第四の者の姿は神々の子のようだ。」

（ダニエル書3・25）

シャデラク、メシャク、アベデ・ネゴは、神の全能と神の最善に自らのいのちをかけて、ネブカデネザルを前に信仰を貫き通しました。燃える火の炉を目の前にしても微動だにしない彼らの信仰を見て、ネブカデネザルの顔つきが変わりました。彼は怒りをあらわにして、炉の温度を通常よりも七倍熱くするように命じます。

誰ひとり三人をかばう者はなく、味方する者はなく、三人は無惨に炉の中に投げ込まれるのです。彼らはただ、神にすがるだけの、捨てられたような存在です。しかし、主に絶対的な信頼を寄せるとき、人はここまで強くなれると言うことを三人は証明してくれます。

晩年の内村鑑三が青年たちにこう語ったと言われます。

「君たちは、ぼくのことをエライ、エライというが、ぼくがどうしてエラクなったか知ってるか。秀才の青年たちがぼくを捨てたからだ。ぼくは、彼らにそむかれて、ただひとりキリストにすがった。彼らがぼくを捨てるたびごとに、ぼくをエラクしていったのだ。……君たちもいずれまたぼくを捨てるだろう。そしてまたぼくをエラクしてくれるだろう。」

主は炉の中に入ってこられる

さて、三人とともに炉の中を歩いている「第四の者」は、いつからこの炉の中にいたのでしょうか。三人の青年が投げ込まれる前からでしょう。炉の温度は並ではありませんでした。三人を炉のそばへと連れてきた者たちでさえ、火炎によって焼き殺されたとあります（22節）。キリストの臨在は、炉の中でこの三人を待っていたことになります。

イエスは、信仰に満ちた三人をこの試練から救い出すことはなさいませんでした。ネブカデネザルの極刑は、そのまま実行されたのです。主は、この炉を破壊されることもありませんでした。炉は、七倍のフルパワーで燃えていました。その熱さは軽減されることなく、彼らを襲います。杯は取り去られることなく、彼らはそのままを飲まされたのです。

しかし、主ご自身が炉の中に入って来られました。彼らをすぐに助け出したわけではありません。しかし、彼らを縛っていた綱を解いて、彼らを火から守り、彼らと共に炉の中を歩んでおられました。このような救いがあるのです。17節で三人は、「もし、そうなれば、私たちの仕える神は、火の燃える炉から私たちを救い出してくださいます」と宣言しました。しかし、主は、彼らを救い出す代わりに、ご自身もその中に入って来られ、彼らをこの熱から守り、支えておられました。

燃える炉は、私たちの日常にとって象徴的な表現です。出ることができない密閉された試練です。私たちの抱える問題は、燃える炉のようです。病でも人間関係でも、仕事のことでも家庭のことでも、出口がない、あってもそこから自分の力で出ることはできない、ただひたすらその中で燃え尽くされるような不安に駆られることがあります。

「主よ。あなたにおできにならないことはありません。どうぞ、この杯を私から取りのけてください」と私たちは祈りますが、燃える炉の杯は取り去られることなく、それを飲み干すことになる場合があります。そのようなときです。主ご自身が、燃える炉の中に入ってきてくださり、私たちの綱を解き、その中をともに歩んでくださいます。火が私たちに燃え移ることがないように守ってくださるのです。

主は私とともに立ち

パウロもそのような試練の中を通過しました。牢につながれたパウロは、ひとり孤独でした。

「私の最初の弁明の際には、私を支持する者はだれもなく、みな私を見捨ててしまいました。」（Ⅱテモテ4・16）

しかし、この燃える炉の中で、主は彼と共に歩いておられました。

「しかし、主は、私とともに立ち、私に力を与えてくださいました。」（同17節）

聖書には、よく「慰める」と訳されている語が出てきます。原語のギリシャ語では、パラ（傍ら）・カレオー（呼ぶ）という一語です。傍らに呼ばれた御方として、私たちのそばについて助けてくださるのが聖霊です。日本語では「助け主」あるいは「慰め主」と訳されてきました。英語のコンフォート（comfort）という動詞は、ラテン語のコム（傍らで）・フォルテ（強める）から来ています。「慰める」という日本語は、例えば、戦いに負けてがっかりしている者を慰めるというように使います。しかし、コム・フォルテはどちらかと言えば、戦いの後でがっかりしている者を元気づけるのではなく、「戦いの最中に傍らに立って力づける」という意味の方がしっくりきます。

試練の後で、打ちひしがれている時、主は私たちを慰めてくださいます。しかしそれ以上に、試練の最中に私たちの傍らに立ち、私に力を与え、試練に負けないように強めてくださるのが、聖霊です。

長野県で伝道牧会に精力を注がれた清水恵三先生は、ご子息の作文を引用されて、ご自分の信仰を要約されました。


「きょう、わたしたちかぞくみんなで、のじりこ一しゅうをしました。すこしつかれたけど、ほんとうにたのしかったです。いろいろの木のみや、花のさいたあとのみや、いろいろなものがとれました。

つかれた人はおとうさんと手をつなぎます。わたしも、つかれてつまずいたりしました。けれども、おとうさんと手をつなぐと、ふしぎにげんきがでてきます。おとうさんの手はとても大きくて、あったかいので、とてもじぶんの手があたたかくなります。」（『手さぐり信仰入門』、ＹＭＣＡ出版、２０３頁）

旧約聖書の世界でも、手をつなぐということは、一緒にいて導き、守り、励ますことの象徴でした。ですから、イザヤを通して、神さまは約束されます。「あなたの神、主であるわたしが、あなたの右の手を堅く握り、『恐れるな。わたしがあなたを助ける』

と言っているのだから。」（イザヤ書41・13）

短いトンネルはあっと言う間です。しかし、私たちの人生には、出口の見えない、長いトンネルが次から次へとやってきます。その中で、主は私たちの手を握り、傍らにあって強めてくださいます。燃える炉の中で、共に歩いてくださるのです。

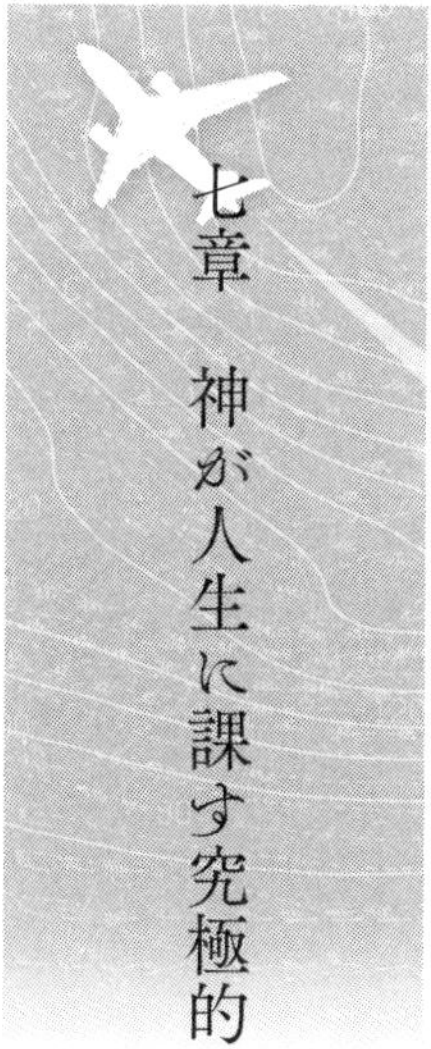

七章　神が人生に課す究極的な要求

「いと高き方が人間の国を支配し、これをみこころにかなう者に与える。」

（ダニエル書4・17、25、32）

ダニエル書の四章には、この同じみことばが三回繰り返されています（いと高き方が人間の国を支配し、その国をみこころにかなう者にお与えになる。）。四章が描いているのは、ネブカデネザルの晩年の出来事ですが、人生の晩年近くなって、神がネブカデネザルに究極的な事実を明確に突きつけてこられます。それは、あなたの人生を支配しているのは、この世界を最終的に支配しているのは、神であるわたしだ、と。

これまでの人生でネブカデネザルは、神のこの要求を避けてきたようです。それをおそらく代表しているのが四節にある書き出しです。

「私、ネブカデネザルが私の家で気楽にしており、私の宮殿で栄えていたとき……」ただの事実描写ではないでしょう。彼の人生のどこが間違っていたのかをはっきりと示す言葉です。彼は、宮殿の屋上から自分が作り上げたと誇りにしているバビロニア帝国を見渡しました。彼は、神のことをよく知っていました。それなりに神に助けられ、神の国の力を認識していました。しかし、自分の帝国を見つめれば見つめるほど、その業績を眺めれば眺めるほど、自分が誇らしげに思えてきたのです。

それが信仰の結果であったかもしれません。それが神に尽くした結果であったかもしれません。しかし彼は、自分の業績を眺めて満足に浸り、傲慢になっていたのです。ダビデがその晩年に犯した、国の人口を数えて傲慢に陥るのと似ています。

私たちもネブカデネザルのようになる危険があります。その危険は特に成功と隣り合わせにあります。学問の世界でも実業の世界でも、成功と繁栄というもの、それを眺める本人が「気楽な」自己満足感に浸るとき、祝福が呪いとなる危険があることを忘れてはなりません。神から与えられた賜物、神がくださった良きものを自分自身とすり替えて、あたかも自分の功績のように錯覚してしまうのです。

神が私たちに何か教えよう、私たちの心を変えようとするとき、神は荒々しい手で私たちを振り回したりはなさいません。優しく、穏やかに迫ってこられるのです。最初に、ご自分の思いを私たちに語り継げ、ご自分が私たちとどの様な関係に入りたいのかを私たちに悟り聞かせます。神は言葉でもって、私たちを変えようとされるのです。私たちを、無理強いたり強制する力ではなくして、言葉でもって話してこられるのです。話は、少しわき道にそれるのですが、これこそが、説教の意義あるところです。私たち、信仰者の生活にとって、説教は大事な場所を占めています。それは、私たちの神は語る神だからです。語るということは、神の最大の伝達手段だからです。

神は、私たちが自らの意志をもって、自らの積極的な同意をもって、御元に来るようにされます。主は、私たちの心の中に種を蒔きます。その種が自然に、うちから成長して、私たちが心から自由に、強制なくして神に応えることが出来る日を、待っておられるのです。

夢

ですから、神はネブカデネザルに夢を与えました。曖昧な夢ではありませんでした。夜、彼の意識に、神は、はっきりと語りかけてきたのです。ネブカデネザルはダニエルに夢の内容を話します。

ダニエル書四章9～18節――

9 呪法師の長ベルテシャツァル。私は、聖なる神の霊があなたにあり、どんな秘密もあなたにはむずかしくないことを知っている。私の見た夢の幻はこうだ。その解き明かしをしてもらいたい。
10 私の寝床で頭に浮かんだ幻、私の見た幻はこうだ。見ると、地の中央に木があった。それは非常に高かった。
11 その木は生長して強くなり、その高さは天に届いて、地の果てのどこからもそれが見えた。

12 葉は美しく、実も豊かで、それにはすべてのものの食糧があった。その下では野の獣がいこい、その枝には空の鳥が住み、すべての肉なるものはそれによって養われた。

13 私が見た幻、寝床で頭に浮かんだ幻の中に、見ると、ひとりの見張りの者、聖なる者が天から降りて来た。

14 彼は大声で叫んで、こう言った。『その木を切り倒し、枝を切り払え。その葉を振り落とし、実を投げ散らせ。獣をその下から、鳥をその枝から追い払え。

15 ただし、その根株を地に残し、これに鉄と青銅の鎖をかけて、野の若草の中に置き、天の露にぬれさせて、地の草を獣と分け合うようにせよ。

16 その心を、人間の心から変えて、獣の心をそれに与え、七つの時をその上に過ごさせよ。

17 この宣言は見張りの者たちの布告によるもの、この決定は聖なる者たちの命令によるものだ。それは、いと高き方が人間の国を支配し、これをみこころにかなう者に与え、また人間の中の最もへりくだった者をその上に立てることを、生ける者が知るためである。』

18 私、ネブカデネザル王が見た夢とはこれだ。ベルテシャツァルよ。あなたはその解き明かしを述べよ。私の国の知者たちはだれも、その解き明かしを私に知らせることができない。しかし、あなたにはできる。あなたには、聖なる神の霊があるからだ。」

その内容に驚き、おののいたダニエルでしたが、はっきりと神の預言者としての役目を果たします。「王さま、その木はあなたです」(22節)。それはネブカデネザルに対する警告でした。「正に、栄える大木のようなネブカデネザル王さま。あなたは傲慢な、かたくなな心で凝り固まっています。もしもあなたが心を変えないのなら、神様の挑戦に対して素直に遜らないのなら、彼が悔い改めるまで、狂気と孤独と恥辱の世界に入れられます。」というのです。

そして、警告は単刀直入でした。「それゆえ、王さま、私の勧告を快く受け入れて、正しい行いによってあなたの罪を除き、貧しい者をあわれんであなたの咎を除いてください。そうすれば、あなたの繁栄は長く続くでしょう。」(27節)

神は、この警告をダニエルを通してネブカデネザルの心におきました。種が蒔かれました。これが心に根をはって、成長すればよいのです。29節にありますように、王には「十二か月」の猶予が与えられました。1年もの間、ネブカデネザルは、知っていてこの警告を無視してきました。彼は意識して、心の中に植えられた神の言葉の種を潰してきました。彼は、ダニエルによって語られた御言葉を潰してしまっただけでなく、神の優しさ、忍耐強くネブカデネザルの悔い改めを待って居られた神の愛を踏みにじったのです。

ちょうど1年が経過したある日、ネブカデネザルは宮殿の屋上を歩きながら、思わずこんな言葉を口にしました。

「この大バビロンは、私の権力によって、王の家とするために、また、私の威光を輝かすために、私が建てたものではないか。」（30節）

ネブカデネザルは、自分の業績を眺め、自画自賛して、自分の人生に満悦していたときのことでした。言葉がまだ王の口にあるうちに、天からの裁きが下ったのです。「あなたは人間の中から追い出され、野の獣とともに住み、牛のように草を食べ」ることになる（32節）。7年間（「七つの時」）の間、彼は孤独に人間の世界から離れて生きることになりました。彼の人としての姿はその影もないほど変形し、彼の精神は、恐ろしいほど病んでしまいます。屈辱、羞恥、悲惨、王としての誇りも、人間としての尊厳もいっさい奪われて、彼は人間の世界から追い出されました。

この悲劇的な事件から2つのことを学びましょう。

神はどこを支配しておられるのか

神がこのことを通して与えられた教訓は、17節にも、25節にも、32節にもあるように、「いと高き神が人間の国を支配し、神の御心にかなう人にその王国を与える」ということです。確かに神は支配しておられる、ネブカデネザルはそのことはよく承知していました。

神はどこを支配しているのでしょうか。ネブカデネザルは、「それは天の世界だ」と考えていました。天の神は、天を治める。その御方には、ことごとく尊敬を払わねばならない。しかし、この国は私が治める。

けれども彼は間違っていました。ダニエルは言います。「神は、この地上を支配している」と。神がその御心をなすように望んでおられるのは人間の国においてであって、正にバビロニアにおいて、御心が行われることを望んでおられる、と。神が、支配権を発揮したく願っているのは、天の御国のみならず、人々の心の中、人々の生活、人々の社会、正にそうしたことの中で、神様は、その主権を発揮しようとされます。

イエスの主の祈りと同じです。「御心が天になるように、地にもなさせたまえ。」神は、信仰されるだけ、頼られるだけ、崇められるだけでは満足されません。果たして私は自分の家族、財産、時間、賜物、仕事、楽しみ、教会生活、政治思想を、どのように扱っているのだろうか？　ネブカデネザルがバビロニアの国を扱ったように動かしてはいないだろうか。神の御心は、それら一つ一つに浸透して行くべきものなのです。

それればかりではありません。32節はこう続きます。「こうして七つの時があなたの上を過ぎ、ついに、あなたは、いと高き方が人間の国を支配し、その国をみこころにかなう者にお与えになることを知るようになる。」誰が王国を継ぐのでしょうか。ネブカデネザルは考えました。力のあるものが、高貴な生まれのものが、自信に満ちて指導力のあるものが、多くの業績を上げるだけの知恵と力を持つものが、王国を継ぐのだと。

しかし、神はおっしゃいます。王国を継ぐのは、「御心にかなう者、人間の中で最もへりくだった者が」（17節）だと。

「心の貧しいものは幸いです。天の御国はその人のものだからです。柔和な人は幸いです。その人は地を相続するからです」（マタイ5・3、6）とのイエスの言葉と同じです。

一体、誰が御国を相続するのですか。クリスチャンの実業家として成功を治めた者ですか。クリスチャンの学者として大きく貢献した者ですか。大衆伝道で成功して多くの人々をキリストに導いた者ですか。多くの伝道者を生み出した牧師の家庭ですか。クリスチャンとしての才能を用いて、多くの人々を感動させる音楽を作り出した人ですか。それらはすべて素晴らしいことです。神が喜んでくださるでしょう。それでも、一つの条件がついています。すなわち、それらの成功にもかかわらず、心の貧しい、へりくだった者であるなら、と。

御国を相続する条件は、ただ一つです。神の前にりくだった心をもっている人です。私たちは、誇れる成功など一つも持っていません。すべてが神が憐れみの故に授けてくださったものです。誇るなら、むしろ弱さを誇り、そんな弱ささえもよきことの為に使ってくださる神を誇るべきです。

いったん壊され、作り替えられる

神が、ネブカデネザルに取られた対応は、彼がイスラエルの取られたものと同じです。この厳しい措置は、エレミヤ書に出てきます、陶器師と陶器師の作った器との関係に最もよくたとえられています。エレミヤに、神は語られました。

エレミヤ書十八章4～6節――

「陶器師は、粘土で制作中の器を自分の手でこわし、再びそれを陶器師自身の気に入ったほかの器に作り替えた。それから、私に次のような主のことばがあった。『イスラエルの家よ。この陶器師のように、わたしがあなたがたにすることができないだろうか。――主の御告げ――見よ。粘土が陶器師の手の中にあるように、イスラエルの家よ、あなたがたも、わたしの手の中にある。』」

イスラエルの国が滅び、もう全てが終わりだと絶望に浸っていたエレミヤに、神は陶器師の家に行けと命じます。彼は目の前で陶器師の仕事ぶりを見ます。陶器師は、ろくろをまえに粘土の塊をこねています。しかし、思うような形に仕上がらないと、陶器師はそれを一旦壊して、同じ粘土の塊を用いて、違った器へと練り直して行くのです。この作り替えの作業は、最初の作業よりも困難で、練り方もさらに力がこもって、より完璧なものが仕上がって行ったに違いありません。

陶器の器が陶器師の手によって作り替えられるように、イスラエルも作り替えられます。かつて、同じようにネブカデネザルも作り替えられていきました。神がエレミヤに「イスラエルの家よ。この陶器師のように、私があなたがたにすることが出来ないだろうか」と言われ、神はこの方法しかないと、荒々しいバビロニア捕囚という手段によって一旦イスラエルを壊されました。神は、ネブカデネザルを、イスラエルを、そして私たちを、同じように作り替えるお方です。ネブカデネザルが教訓を学ぶまで、遜って神にすべてを投げ出すまでには、七年もの歳月を要しました。

私たちが神を排除したとしても、その存在をいくら否定したとしても、それで神がいなくなるわけではありません。またそうした人間の抵抗で神の知恵が尽きてしまうのでもありません。神は常に新しい方法をもって私たちを悔い改めに導こうとなさいます。ネブカデネザルを試練に導いた神は、彼を優しく夢を通して目覚めさせようとされた愛ある神です。愛ある神は、イスラエルを、ネブカデネザルを捨てることなく、また私たちを捨てることなく、諦めずに救い出そうと、あらゆる手段をこうじて、人を作り替えようとされます。

八章　酒で閉じられた人生

「彼らは、ぶどう酒を飲み、金、銀、青銅、鉄、木、石の神々を賛美した。」（ダニエル書5・4）
「その夜、カルデヤ人の王ベルシャツァルは殺され、」（5・30）

ダニエル書は、その名の通り、バビロニアに捕囚にとられていった信仰者ダニエルが、どのように異教の文化の中で信仰を保ち、神を証していったのかを記しています。私たち日本に生きるクリスチャンは、毅然とした信仰者の姿勢を、またこの世に生きる知恵を、ダニエル書から学びます。

しかし、この書はさらに壮大なメッセージを伝えています。それは、ダニエルが信じ従っていた神は、イスラエルにとってだけの神でなく、全世界を支配しているという現実です。「天の神」が支配しているのは、天の領域だけでなく、人の歴史、人の作り上げた国々、生活、心のすべてに及びます。ダニエルはその事実を神を知らない世界に向かって伝える管のような存在となります。ダニエルを間に挟んで、いわば神と人間との間のドラマが展開されているのが、ダニエル書です。

私たちが注目するのは、勇士としてのダニエルの信仰だけでなく、ダニエルを介して異教の王たちが、神の語りかけにどのように応えているかです。

おごり高ぶる人生

ベルシャツアルは、ダニエルが仕えた二番目の王でした。先代のネブカデネザルが人生を思いのまま生き、高慢になり、王座から退けられ、人の中から追い出され、牛のように草を食べ、ついに神の御前にへりくだるという体験をします。ベルシャツアルは違っていました。彼は神に対して、恐ろしく傲慢な振る舞いをします。

その象徴が、五章に描かれている大宴会です。それは彼の人生のフィナーレでした。ベルシャツアルは酔った勢いで、ネブカデネザルがエルサレムの神殿から略奪してきた神の器を持って来させ、それに酒を注いで、偶像を賛美します。

ドイツの詩人、ハイネが、このベルシャツアルのことをダニエル書五章をもとに次のように記しています。

「頭上に捧げた黄金の器は、主の宮からかすめて来た品。
王は神の杯をわしづかみにし、溢れるばかりの酒をつがせた。王は一息に飲み干し、
口にあわたて、高らかに言う。主よ、貴様は大馬鹿者。この我こそはバビロンの王」

ベルシャツアルは、神の器を侮辱しました。なぜなら、彼は神を侮辱していたからです。神などいない、自分こそが世界の中心だ──そこまでベルシャツアルは割り切ることができたのでしょうか。いや、心の底では神の現実性を感じ取っていたことでしょう。ネブカデネザルに現れた神の力を否定することはできなかったはずです。いくら自分の権力が増し、様々なことが自由になる身でも、自分の愚かさ、弱さ、限界を感じなかったわけがありません。神の語りかけがなかったはずはありません。

しかし、ベルシャツアルは、それらのささやきに逆らって生きる道を選んだのでした。

彼は、今の自分の生き方が、どのような結末を生むのかを感じ取っていたのかも知れませんが、あえて奢って、ほこらしげに自分中心な生活を選んだのでした。

「それなのに、あなたがたは、いのちを得るためにわたしのもとに来ようとはしません」（ヨハネ5・40）というイエスさまの嘆きが聞こえてくるようです。

主は、とうとうベルシャツアルに一つのサインを送ります。それが、壁に書かれた文字です。解読できない文字に、ベルシャツアルは、言うに言われぬ不気味さを感じました。そこに呼ばれたのがダニエルです。ネブカデネザルのそばにダニエルが呼ばれ、神のメッセージを伝えたように、ベルシャツアルを助けるためにダニエルがいました。ダニエルは、王の前で文字の意味を解説しながら、彼がいかに傲慢な生活をしていたのかを説教します。

鈍感な最後

興味深いのはここからです。この神様の裁きに対して、ベルシャツアルは神の御前で膝を屈め、悔い改めをするでしょうか。この危機に瀕して、今までの人生を振り返り、その目を真実に神へと向けるのでしょうか。

いいや、ベルシャツアルは酒に酔っていました。神からの最後の呼びかけのとき、ベルシャツアルは酔っていました。五章には、ベルシャツアルが、ダニエルに紫の衣を着させ、金の鎖を首にかけさせたとはあります。酔っぱらった王にそのようなことをされ、嫌な顔をしてそこにたたずむダニエルが想像できます。しかし、聖書にはベルシャツアルがネブカデネザルのように自分で罪を認めたとも、悔い改めて神に立ち返ったとも書いてありません。ただ最後に、彼はその晩に殺されて、王国はペルシャに渡されたと残されています。

聖書には、ぶどう酒それ自体が、良いとも悪いとも書いてありません。それは律法の範疇ではないのです。それは律法上の是非の対象にはなっていません。そういうカテゴリーではないのです。むしろ酒に関しては、一体何が賢く何が危険で、何が愚かで何が致命的か——そうしたカテゴリーの中で話が出てきます。そして、酒に酔うということは、人間の演じる計り知れない悲劇の、一つの原因として語られています。

箴言二三章30～35節は、代表的な箇所です。その最後に、酔った人の言葉が記されています。

私はなぐられたが、痛くなかった。

私はたたかれたが、知らなかった。

いつ、私はさめるのだろうか。

もっと飲みたいものだ。


示唆に富んだ言葉です。

最後の瞬間、ベルシャツァルは、神様に、目を覚ませと殴られたかのようでした。しかし、酔っていた彼にとっては「痛くなかった」のでしょう。神は、彼を何回となく叩いたはずです。身の上が不安になったことも何度かあったはずです。そんなとき、彼は酒を飲んで不安をごまかしていました。

酔った彼は、神が彼を目覚めさせようとしたことも「知らなかった」のです。いやそれどころか、現実の人生の課題に帰るのが嫌で、それが恐くて、「もっと呑みたいものだ」と酔いの世界へ深入りして行きました。神の最後の呼びかけさえも、酔った心の上を通り過ぎていきます。神に叩かれてもそれを感ぜず、意識しない――酒に酔うとは、人間のそんな情けない姿なのです。

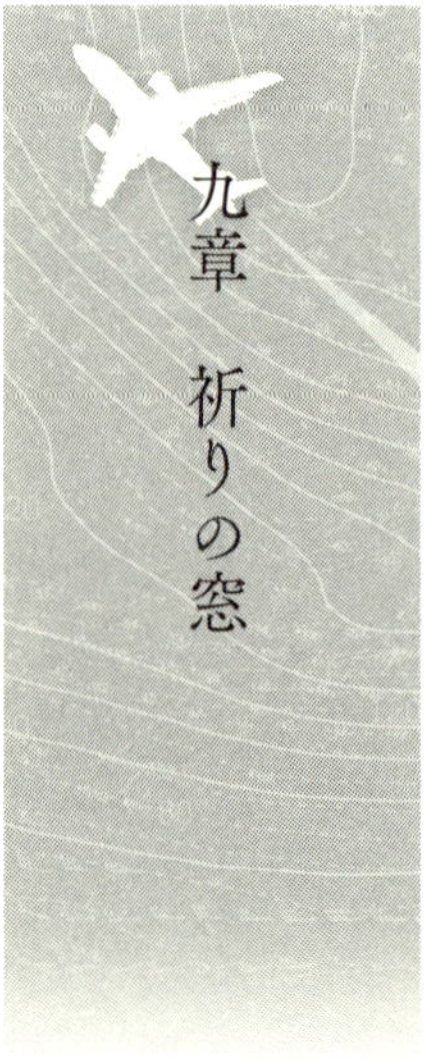

九章　祈りの窓

「ダニエルは、その文書の署名がされたことを知って自分の家に帰った。——彼の屋上の部屋の窓はいつもエルサレムに向かってあいていた。——彼はいつものように、日に三度、ひざまずき、彼の神の前に祈り、感謝していた」。（ダニエル書6・10）

異教の世界に信仰を持って生きるダニエルに、神は特別な賜物を授けられました。

その賜物の故に、ダニエルは国の異常事態に力を発揮し、ネブカデネザル王の夢を解き、ベルシャツァル王の謎を解きました。その賜物は、平常の仕事にも十分に生かされていました。機敏な判断力、柔和な人柄、誠実な仕事ぶり。彼に反感を抱いた大臣たちが、国政についてダニエルを訴える口実を見つけようとしても、「何の口実も欠点も見つけることができなかった」（6・4）とあります。足が地に着いている信仰者です。

信仰の力、聖霊の賜物が発揮される場所は危機的な状況、霊的な世界だけではありません。バビロニアという異教社会の日常の中で、彼の信仰は生きていました。時の王たちは、自分たちが持っていない、またバビロニアの人々が持ち合わせていない資質の故に、ダニエルをそばにおこうと一生懸命でした。しかし、これほど、世にとって重要であるダニエルが、同時に世からけむたがれる存在となります。ある意味で、クリスチャンが背負うパラドックスの一つでしょう。まともな理由なくアベルはカインに嫌われ、ヨセフは兄弟に、ダビデはサウルに、預言者たちはその民に嫌われ、主イエスは十字架につけられました。その主が私たちに残された警告は、「人々には用心しなさい」（マタイ10・17）でした。

ダニエルに対する罠が仕掛けられたのです。ダニエルに嫉妬を抱いた大臣たちは、一つの法令を制定するように王に進言しました。今から「三十日間」（6・7）は、王以外、いかなる神にも人にも、祈ってはならない。それに違反した者は、「獅子の穴に投げ込まれる」、という法律です。この法律に王が署名すれば、王であっても取り消すことができないというものでした。ダリヨス王は、これがダニエルを罠にはめる策略であることに気づかず、署名します。

ダニエルは、その文書が署名されたこと知っていながら、自分の家に帰ります。そして、いつものように屋上のエルサレムの向かって開いている窓の前で、膝まずき、神の前に祈りました（6・10）。

祈りの部屋

ベアトリス・シェンク・ド・レーニエの『あなただけのちいさないえ』（童話館出版、2010年改訂新版）という絵本に、このような一節があります。

「これは大事なことですから、よく覚えておきなさい。
みんな自分の小さなお家を持っていなければなりません。
男の子も自分の小さなおうちを持っていなければなりません。

女の子も自分の小さなおうちを持っていなければなりません。」

裏庭の秘密基地でも、押入の中でも、自分だけの空間です。親兄弟も友だちも断りなしに入ってはなりません。

バージニア・ウルフという女性の宣教師は「わたしの生活でなくてならないのはただ一つ、自分だけの部屋です」と言ったそうです。一日を考える、自分を見つめる、神を見つめる、自分だけの部屋です。それが、自分の書斎とは限らないでしょう。イエスさまは、書斎など持っておられませんでした。けれども、この空間は必要なものなのです。ですから、イエスもカペナウムで朝はやく「寂しいところに退かれて」祈られました（マタイ14・13、マルコ1・35、ルカ4・42など）。

弟子たちが伝道旅行から帰ってくると、まず、彼らを人里離れたところで休むように言われました。十字架を前に主は「いつものようにオリーブ山に行かれ、……いつもの場所に着いたとき、……こう祈られた」（ルカ22・39〜40）とあります。いつもの場所が、ゲツセマネの園です。

ひとりになる時間、神さまの御前にひとり座る空間は贅沢品ではありません。それは信仰者の生活必需品です。忙しければ、忙しいほど必要なのです。

祈りの窓

ダニエルの祈りの部屋には窓がありました。それはエルサレムに向かって開かれていました。霊的な開放感を感じます。祈るとき、部屋にはいって戸を閉じれば、密室になります。しかし、密室とは密閉された空間ではありません。祈りには窓があります。それは、いつも開かれているものです。忙しくて、仕事や人間関係のプレッシャーを感じるとき、何か日常生活に密閉されて、圧迫感を感じます。ダニエルは、家に帰って、屋上の窓をエルサレムに向かって開け放って、祈りました。物理的な窓にこだわる必要はないと思いますが、天からの光が入ってくる、空を眺めることができる窓は、心を主に向ける助けになることも事実でしょう。

神に向かって祈りの窓を開くとき、圧迫された日常生活に、さわやかな風を吹きいれ、天からの光を入れることができます。ダニエルは、毎日、日に三度、神の恵みの新風を自分の日常に取り込んだのです。（6・10）

信仰告白としての祈り

祈りは、ダニエルの信仰の証しでした。彼は、バビロニアの王宮に仕えて、回りに積極的に伝道していた訳ではありません。大臣の座を利用して国中を悔い改めに導くということも、彼の使命ではありませんでした。しかし、彼の信じる神は、彼の人格に、行動に、生活に、反映されていました。その祈っている姿に、彼の信仰は十分に証しされていました。小さな食前の感謝の祈りも、信仰の証しです。長々とすることはありません。ほんの一瞬、目をつぶって、主が備えてくださった食事に感謝を捧げ、祝してくださいと祈る、これは立派な証しです。

その窓を見たとき、人々は彼が何をしているのか、何故そうしているのかすぐに分かりました。この世に、もし、救いがあるとしたら、それは神から来るからです。この世が悩みと苦しみの中で必要としているのは、神の恵みだからです。彼はその信仰を貫いて、堂々と祈りました。

ダニエルは、バビロニア帝国の繁栄の為に力を尽くし、王たちに仕えてきました。

世の仕事に対して積極的であり、協力的でした。しかし、一見、その国の文化と生活にとけ込んだかのように見える彼は、その体も心も、バビロニアに属するのではなく、神の国に属することを、一時たりとも忘れてはいません。ダニエルは、王に仕えました。しかし、異教のバビロニア人としてではなく、献身した神を信じるものとして王に仕えたのです。

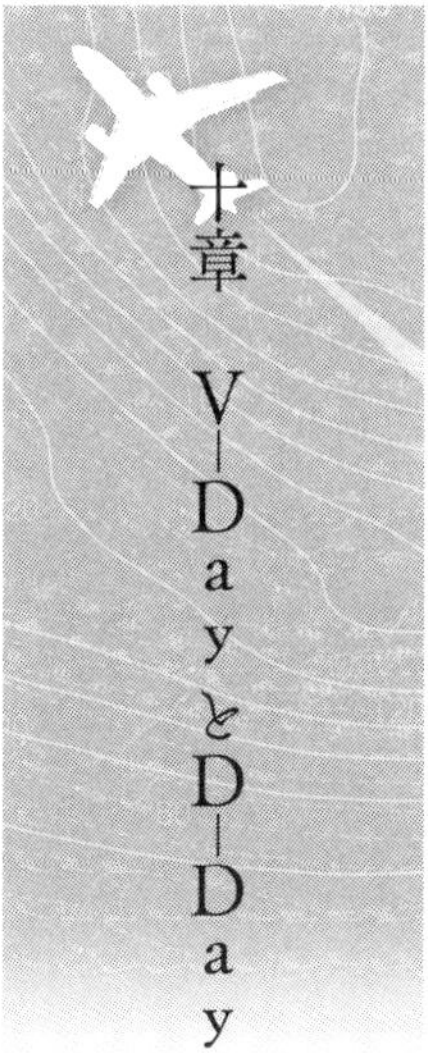

十章　V—DayとD—Dayの狭間に

ダニエル書の七章から十二章までは、預言が記されています。内容が難しく、信仰生活には直接関係ないように思ってしまいがちですが、実は彼の生涯に密接に関わる幻が記されているのです。

ベルシャツアルの元年

この預言の教えを理解するにあたって、七章1節が大きな鍵を握っています。ダニエルがこの幻を見たのは、「バビロンの王ベルシャツァルの元年」です。ネブカデネザルは、啓蒙的な理解のある王でした。彼は知恵のあるダニエルらを積極的に起用します。彼には自分の愚かさを認める余裕もあり、反対の声を取り入れて国を改革することもできました。しかし、ベルシャツァルの治世は、独裁的で、私欲に振り回された行政機構が作り上げられます。このとき、この世を支配する悪の力そのものが、国家となってダニエルの前に現れたのでした。

これまで、神の支配は国の政治にまで及ぶことができるということを目の当たりにしてきたダニエルが、いまその重要な地位から引きずり降ろされようとしています。時の政治と協力することで、神の栄光を現わせることが出来ると信じてきたダニエルは、一瞬のうちに失望のどん底へつき落とされるのです。これまでの自分の努力は何だったのだろうか。所詮、この世は悪の住処なのかと、ダニエルは悩むことになります。

その年、彼は天からの幻を見ました。それは、この悪の問題と関係した幻でした（7・1以下：四頭の獣の幻、8・1以下：雄羊と雄やぎの幻）。

悪はどこから来て、どこへ行くのだろうか。どこかで、神は悪に負けてはいないのだろうか。約束された勝利はどこにあるのだろうか。

二元論と一元論

幻は、天から四方に風が吹いてきて、大海をかき立て、その荒れ狂った海から四頭の怪獣が現れるところから始まります。バビロニアを含めて、この地方の神話は共通して天地創造を「この世が創造される前に、まず神は猛狂う風で、猛然とこんとんの中を荒れ狂う原始の海を支配しなければならなかった」と教えます。原始の海は、悪の力の源です。この中には様々な怪獣が住んでいます。イザヤ書の二七章1節、五一章9節ではこれらの怪獣がレビヤタン、ラハブと呼ばれています。

バビロニア人は、この世というものを、これらの怪獣が順番に現われては人間を脅かし、それらを負かしても次の怪獣が出現し……、ということを信じていました。おそらくダニエルも、このバビロニアの神話を耳にしていたであろうと思われます。しかも、この幻にありますように、出現する悪の力は回を重ねるごとに醜く力強いものとなっていくのです。

バビロニアの世界観は二元論です。この世は常に、善と悪のバランス関係の戦いで、戦いは永遠に続き、どちらが支配するかはその場の状況次第となります。善は、神の力は、常にこの悪の力に脅かされて、いつ力関係が逆転するかわかりません。

聖書の世界観は一元論です。神に対抗する力は存在しません。レビヤタンであれラハブであれ、神を脅かすことは決してありません。はじめに神のみが存在し、そこには悪もなく、原始の荒海もなく、ただ神のみがおられるのです。

ダニエルの見た幻は何を教えていたのでしょうか。海を荒した、四方の風は天からやって来ました。天、それはこの世のおおもとであり、支配者である神を、彼は見たのです。バビロニアの神話から離れて、ダニエルはもう一度、創世記の聖書にある天地創造を思い出しました。ダニエルの神は、天からの風で、紅海を真っ二つにわけることのできる御方です。

さめよ。さめよ。力をまとえ。主の御腕よ。
さめよ。昔の日、いにしえの代のように。
ラハブを切り刻み、竜を刺し殺したのは、
あなたではないか。

海と大いなる淵の水を干上がらせ、
海の底に道を設けて、
贖われた人々を通らせたのは、
あなたではないか。（イザヤ書51・9〜10）

主権は人の子にあり

ダニエルの目が、混沌としたこの世から天の神の御座に移ります。人間の歴史にピリオドが打たれる日がやってきます。主が裁きの座に着かれるときです。

その衣は雪のように白く、
頭の毛は混じりけのない羊の毛のようであった。
御座は火の炎、
その車輪は燃える火で、
火の流れがこの方の前から流れ出ていた。（7・9）

そして
　さばく方が座に着き、
　いくつかの文書が開かれた。（10節）

幻によれば、人の将来は、訳の分からぬ力に握られているのではなく、神の文書、神の摂理の支配権の中にあったのです。

幻には、神の支配が段階的に実現する様子が描かれています。神の国が到来し、大きな獣は倒されますが（11節）、残りの獣は、主権を奪われても、そのいのちが延ばされています（12節）。やがて「人の子のような方が天の雲に乗って来られ」（13節）るとき、すべては完結します。しかし、キリストの降誕から再臨までの間、残りの獣は生きていて、聖徒たちが迫害の波に飲まれることもあるというのです（21節）。それがダニエルの心を悩ませ、脅かします（15節）。

同じ苦難・患難が、キリストの降誕による神の国の到来と、キリストの再臨による終末の間を生きている私たちを、襲うこともあります。しかしよみがえられた主は、悪と死の力を克服されたのです。主はすでに、この世の主権を握っておられます。この世の終わりには、全てのものが膝を屈めて「イエス・キリストは主である」と告白します（ピリピ2・11）。そのイエスを、私たちは仰ぎ見て、希望を抱いているのです。キリストの復活を信じる人は、キリストの再臨をも堅く信じているのです。

新約学者のオスカー・クルマン（Oscar Cullmann, 1902~1999）は、第二次世界大戦に、D—DayとV—Dayという区別を復活から再臨に至るこの世界を描くために援用しています。D—Dayとは、decisive day（決定的な日）のことです。それはドイツが破れるのに決定的な日、つまりフランスのノルマンディーの海岸に連合軍が上陸した日を指します。その日に、大戦の行方は決定づけられました。この日以来、勝利は明らかに見えてきたからです。しかしまだ、V—Day、victory day（勝利の日）が残っています。それは連合軍が、とうとうベルリンにまで侵攻し、それを攻略する日です。フランスの海岸からドイツのベルリンへと、連合軍は戦いを進めて行かねばなりません。敵の力はすでに衰え、勝利は目の前であるにしても、最後の城を攻め落とすまでは、気を抜くことはできません。私たちは、まさに、このD—DayとV—Dayの狭間を、生きているのです。

復活におけるキリストの勝利は、決定的な大部隊の勝利でした。もう逆転はあり得ない仕方で勝負はつきました。神の勝利、キリストの勝利です。それ故、神の赦しが人類の罪に勝ち、光が闇に勝利し、和解が憎しみに勝ち、いのちが死に勝ったのです。大部隊から遠く離れた、私たちがいる日常の小さな部隊では小競り合いが続いています。時には、闇や罪や死の方が優勢に見えるかもしれません。しかし私たちは、すでにD–Dayを体験しているのですから、前進あるのみです。

そして、私たちのところに伝令が届きます。毎週の礼拝の中で、この伝令の勝利の知らせを聞くのです。「わたしを信頼して、わたしについて来なさい」と。わたしは勝利者だ。あなたのために勝利をもぎ取った、いやこれからももぎ取る、チャンピオンだ。そして、ともにV–Dayに進んでいこう、と。

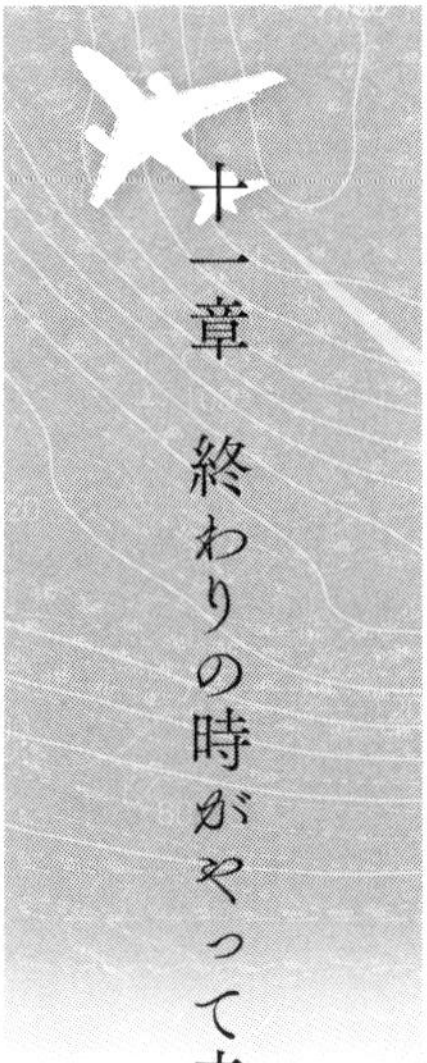

十一章　終わりの時がやって来る

「悟れ。人の子よ。その幻は、終わりの時のことである。」（ダニエル書8・17）

「私、ダニエルは、幾日かの間、病気になったままでいた。その後、起きて王の事務をした。」

（ダニエル書8・27）

ダニエル書の預言の解釈は、注解者によってかなり違ってくるのですが、この八章の預言だけははっきりとしています。それは、15節以降に天使ガブリエルの解説が記されているからです。

ダニエルはまず、川岸に立っている一頭の雄羊を見ます。東西南北に突き進み、「どんな獣もそれに立ち向かうことはできない」勢いを持っています（ダニエル書8・4）。

雄羊には、二本の角があります。それがペルシャとメディアの帝国です。そこへ一頭の雄やぎが現れ、一挙に雄羊を倒します。雄やぎの目と目の間にある「著しく目立った角」（5節）、それがアレクサンドロス大王です。

アレクサンドロス大王

アレクサンドロス3世は、20才にして王となります。在位13年間に、彼はペルシャ帝国を征服し、東はインド西はマケドニア、シリア、エジプトに至るまで、史上空前の大帝国を築き上げます。ここに、ギリシャ文明と東洋の文明がつながり、ヘレニズム文化が形成されます。その影響がインド、そして中国を経て、飛鳥時代の日本にまで及んだことから見ても、一本の角アレクサンドロス大王の力を想像することができます。しかし、わずか13年にして、しかも権力と繁栄の絶頂期に彼は死を遂げます。「この雄やぎは、非常に高ぶったが、その強くなったときに、あの大きな角が折れた」（8節）。アレクサンドロスの死後、帝国は四つに分裂をします。それが八節の後半「天の四方に向かって、著しく目だつ四本の角」です。

アレクサンドロスの一生は戦いに次ぐ戦いでした。彼はいつでも馬にまたがり全土を駆け巡って、勝利を治めました。しかし、自分の精気を使い果たしてしまったかのように、その勝利の絶頂で彼は死んだのです。第一次世界大戦後のイギリスに、ジェイビスという説教者がいます。彼は『勝ち得て余りあり』という、ローマ人への手紙の八章のみことばをタイトルに本を著しています。論点はこうです。

イギリスは確かに大戦で勝利を掴んだかのように見えたが、歴史の上で勝利者となることはたやすいことではない。勝ちを掴むために余りに多大な犠牲を払った。勝利というタイトルは掴んだものの、実際は精魂尽きはてて、その場から滅んで行く。

これは、個人の生活にも当てはまります。学業でも事業でも、心血を注いで一生懸命に努力し、やがてそれな

アレクサンドロス３世（ナポリ国立考古学博物館蔵 モザイク拡大）©Berthold Werner

りの業績は手にします。しかし、ふと気がつくとそれを得るために、取り返しのつかない損害を被っているということがあります。一心不乱で、ゴールを目指している間に、家族に負担がかかり、時には自分の健康を害し、精神を痛め、霊性を犠牲にしてしまうのです。勝ったはいいが、その場に立つ力さえ残されていなかったというのです。

ジェイビスは、「勝ち得て余りあり」とは、こうした現実を踏まえたみことばであると解説しています。勝利のゴールを目指しながらも、なおも余裕を残して家庭に心を配り、友人を大事にし、自分の健康を配慮し、自分の霊性を大事にすることです。ゴールを達成した後も、余裕を持ってその場に立っている姿です。これがクリスチャンが目指すべき勝利ではないでしょうか。

終わりの時がやって来る

四つに分かれたうちの小さな角がエピファネスでした。彼は、23節にありますように、横柄で狡猾な王でした。小さいながらもこずるい、蛇を思わせる陰湿な王であったようです。それが「あの『麗しの地』へと力を伸ばした」（9節・新共同訳）のです。パレスチナの地方です。彼がその地を征服すると、イスラエルの宗教すべてを破壊しにかかります。それは「あきれ果てるような破壊」（24節）でした。

歴史の壮大なドラマです。大きなスクリーンいっぱいに、ダニエルの前に映し出されました。歴史は複雑です。何の理由もなく、アレキサンダー大王のような偉大な人物が、わずか33歳の若さで、しかも最盛期に生命を落とし、他方アンティオコス四世のようにさした取柄もない王が暴虐を働きます。それが歴史であると、単純に納得するわけにはいきませんでした。彼はこの歴史の流れの意味に頭を悩ましました。

「私、ダニエルは、この幻を見ていて、その意味を悟りたいと願っていた。」（15節）

自分の回りに起こる出来事から、神から与えられた意味を悟りたいと願うのが、信仰者の姿勢です。

この幻が教えていること、それは「終わりの時のこと」（17節）についてでした。人間の歴史には、終わりがある。いや、終わりに向かって歴史は進んで行きます。これは古代中近東には存在しない概念です。あてどもなく、歴史はグルグルと進み、繰り返していくと漠然と思っている民の中で、神はダニエルに「終わりの時が来る」と教えられました。そして、その終わりの前に、サタンの力は最後の反逆を企て、「君の君に向かって立ち上がる」（25節）のです。ダニエルはその理由を尋ねませんでした。しかし、ダニエルが知っておくべきことは、知らされたのです。「先に告げられた夕と朝の幻、それは真実である。」（26節）

この真実を知らされたダニエルは、一つの重荷を背負いました。彼はもはや以前のように、ただ歴史の成行きを表面的に捉え、幸福を追求するだけではすまされなくなりました。人間社会の正義そして不義に以前にもまして敏感になったことでしょう。世界がどの方向へ動いているのだろうか、私たちのいのちを脅かすものは一体なんだろうか、反キリストと呼べる国はどれだろうか、ダニエルは考えるようになりました。彼は悪の力に打ちひしがれている犠牲者たちに真剣に同情を傾けるようになり、彼らのために祈るようになりました。それが真理を知らされた者の責任です。

彼にはもう一つの課題がありました。それは、積極的に勝利者として生きて行く信仰を自分の中に新しく開拓するということです。しばらくの間は気が重くて、病気になったとあります。しかし「その後、起きて王の事務をとった」（27節）とあります。ダニエルの中にしっかりと根付いている「平常心」というものに注目してください。彼は、どんな恐怖を前にしても、どんな当惑の中にあっても、どんな挫折を経験した後でも、しばらくして立ち上がり、いつもの仕事に就きます。日に三度、神の御前にひざまずいて祈っているダニエルは、祈りの中で歴史の行く末を知らされ、祈りの中で戸惑いを主に注ぎだし、祈りの中で平常心を与えられていきます。これが、複雑な歴史に翻弄されつつも、神の御前を生きるダニエルの強さなのです。

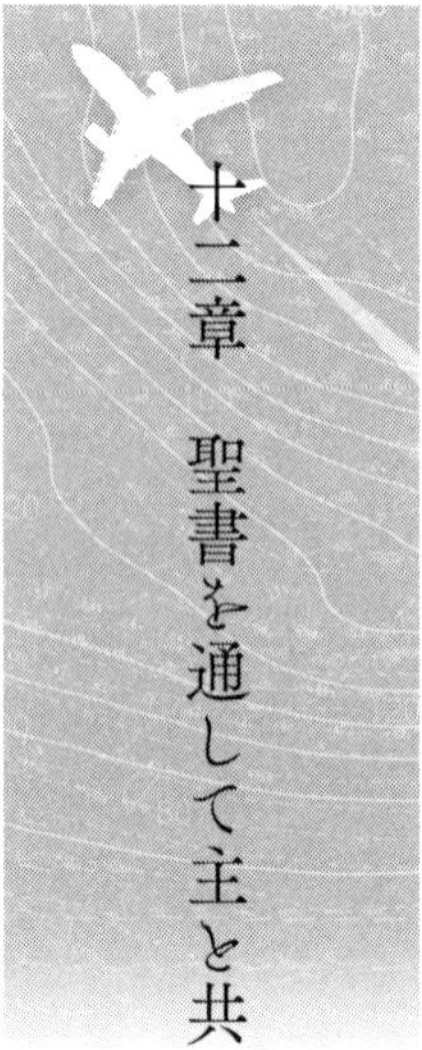

十二章　聖書を通して主と共に

「ダリヨスが、カルデヤ人の国の王となったその元年、すなわち、その治世の第一年に、私、ダニエルは、預言者エレミヤにあった主のことばによってエルサレムの荒廃が終わるまでの年数が七十年であることを、文書によって悟った。」（ダニエル書9・1〜2）

ここで初めて、ダニエルが文書としての神のみことばを持っていて、それを学んでいたことがわかります。「文書」というのは、旧約聖書の一部でしょう。少なくともそこには、エレミヤの記録が含まれていました。私たちは、既に六章で、ダニエルが日に3回エルサレムに向かって祈りをなしていたことを学びました。けれども、彼の霊的生活は、祈りだけではなくして、文書としてのみことばの学びに基づいていたことが、ここで明らかにされます。

時代は現代とは全く違います。聖書という書物が出来上がっていない時期です。一人、一冊を所有することなど不可能です。エルサレムの神殿が破壊されたとき、おそらく人びとは、その巻物を持ち出し、各々の必要にしたがって、それを書き移していったことでしょう。ダニエルが持っていたのは、その写本です。捕囚先のバビロニアには神殿がありません。イスラエルの人々が、宗教的伝統を守り、信仰を維持しようとするなら、みことば、すなわちしっかりとした文書が必要でした。

もちろん、捕囚の民に中には預言者と呼ばれる人物がいて、神の言葉を取り次いでいたことでしょう。しかし、中心的な仕事は、聖書を読み、それを学び、彼らの生活のためにそれを解釈するという働きでした。各々の捕囚村で、この聖書を中心とした、集まりが出来上がっていったようです（エゼキエル書8・1「第六年の第六の月の五日、私が自分の家にすわっていて、ユダの長老たちも私の前にすわっていたとき、神である主、の御手が私の上に下った。」14・1「イスラエルの長老たちの幾人かが来て、私の前にすわった。」20・1「第七年の第五の月の十日、イスラエルの長老たちの幾人かが、主に尋ねるために来て、私の前にすわった。」参照）。やがてこうした活動がもととなって、イエスさまの時代のユダヤ人会堂という組織が形成されます。

文書としての聖書

この箇所から、聖書というものが信仰者にとってどのようなな意味を持っているのかという大事な問題を考えてみましょう。

ダニエルは、この文書を通して、捕囚の期間が70年間であるという情報を学ぶことができました。それはエレミヤ書二五章11節に書いてあります。確かに聖書は、知識を獲得し、情報を得る手段になることが出来ます。様々な種類の真理が含まれてもいます。しかし、それが、聖書の本来の意義でないことは私たちの知るところです。

3節は「そこで私は、顔を神である主に向けて祈り……」と続きますが、ダニエルは、この文書の中に神の声を求め、またこの書物を通して、生ける神の前に出ることが出来ると感じたのです。彼の前に一つの書物が開かれています。そのことによって彼の人生が、生きた神に向かって方向付がなされました。彼がその昔、神殿で膝まずいて神の御前に出たように、この瞬間においても神の御前に直接、出ることができると考えました。

今の私たちには当然のように思えますが、当時のユダヤ人にとってはひとつの発見です。

イスラエルの人々の生活のすべてが、今まで神殿を中心に動いていました。神殿における学び・儀式・いけにえを献げること、この中に彼らは神との交わりを求めていたのです。彼らの詩篇や祈りを見ますと、彼らが神殿で生ける神と対面し、御前で膝まずいている様子がわかります。彼らはシオンへの道を慕い、エルサレムの山を慕いました。

しかし今や、神殿は破壊され、彼らは遠く離れたバビロニアへ捕囚として連れてこられました。神の臨在から隔絶され、もう神を近くに感じることも出来ないと絶望していました。この時です。彼らは神のことばである聖書、この「文書」の本当の意義を感じたのです。聖書が、神殿の代わりとなりました。聖書を読むことは、神と交わることです。そこに赦しがあり、希望があります。この「文書」を通して、彼らは再び、その顔を神に向けることができました。かつて祭司や預言者が神から直接に聞いたことばと同じ生けることばをいま彼ら自身が聞いているのです。そして、かつて信仰の先輩たちが体験した神の力や畏怖の念を全く同じように彼らも体験できるのです。

ドイツの牧師で、戦後のキリスト教会に大きく後見したマルティン・ニーメラー(Friedrich Gustav Emil Martin Niemöller, 1892~1984) という人がいます。ある時、彼は米国の聖書協会でこんな証しをしました。

私がどの様にして、この本の価値を、本当に知るに至ったか話しさせてください。それは1938年の3月2日でした。私はベルリンの刑務所に8か月いて、裁判をされていました。裁判の後に秘密警察が私を車に押し込め、着いたところは北ベルリンの強制収容所でした。そこで財布も、時計も、結婚指輪も、そして最後にはポケットに入れておいた聖書までも没収されました。これらのものは、ベルリンの刑務所では所持が許されていました。

最初の夜を忘れることはできません。一睡も出来ませんでした。平安も感じませんでした。私は神に不平を言っていました。厳しい裁判の疲れで記憶を失ったと感じました。自分で、聖書の一句さえも思い出すことが出来ません。活字で書かれている聖書が必要だったのです。財産の全てを投げ売ってでも、あの小さな聖書を手にしたかったのです。

次の朝、所長がやってきたとき、彼に訴えました。「どうか、聖書を返してください」。私があまりに哀れに懇願するので、彼は部下に言いました。「おい、私の部屋に行って机の上にある本を持って来い。聖書だ。それを持って来い」。

この収容所に入れられて、12時間と経っていません。しばらくして1冊の本が届けられました。聖書です。天と地に属する全ての権威、この収容所さえも膝を屈めて「貴方こそは主です」と告白しなければならない御方を、見事に証している書物です。

私がこの書を開くと、主はそこにおられました。私が必要な全ての力と慰めを持ってそこにおられました。

文書を越えて

ダニエルは別として、その後のユダヤ教社会が「文書」をどう扱っていたかには、私たちは少し警戒する必要があります。なぜなら、あの捕囚の時以来、ユダヤ教の信仰は文書中心となり、いつの間にか文書に縛られ、規則に縛られ、文書の字面だけを追っていたからです。ですから、パリサイ人・律法学者たちは、イエスさまご自身が神のことばであるという主張を受け入れることができませんでした。彼らの言い分は、いつでも「いいえ、神のことばは、私たちが持っている文書です」というものです。主が彼らを批判したヨハネ五章39節は次のような含みがあります。

あなたがたは、聖書の中に永遠の生命があると思うので、聖書を調べています。確かにそうです。しかし、あなたがたは、文書に縛られて、いまあなたたちの前に現れた、まことの神のことばである私に気が付かない。聖書はなんのためにあるのですか。それは、わたしのためにあるのです。それは、わたしのことを証ししているのです。わたしこそが、生命を与えることのできる神のことばです。

聖書を慕うことで、私たちは文書中心主義に陥ってはなりません。常に聖書はキリストを証しするもので、私たちはこれを読むことによって主イエスさまにお会いしているという意識を忘れてはなりません。

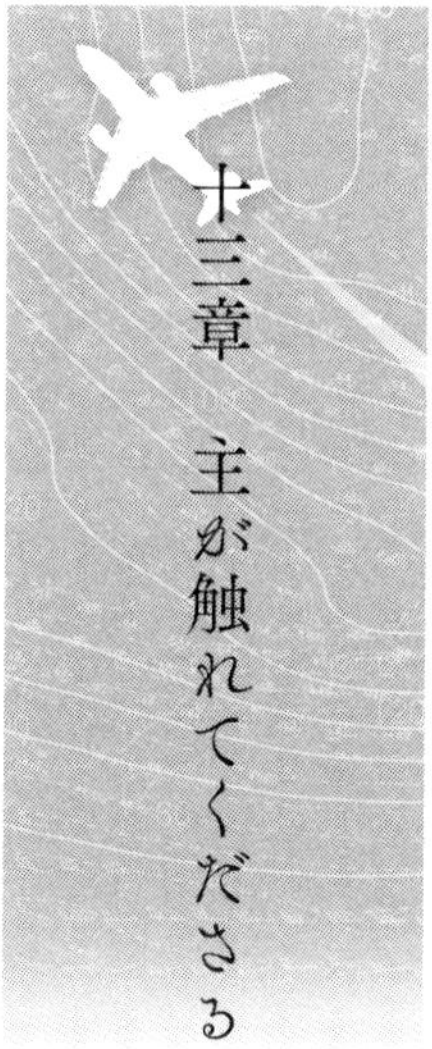

十三章　主が触れてくださる

「ちょうどそのとき、一つの手が私に触れ、私のひざと手をゆすぶった。」（ダニエル書10：10）
「彼は私に言った。『恐れるな。ダニエル。あなたが心を定めて悟ろうとし、あなたの神の前でへりくだろうと決めたその初めの日から、あなたのことばは聞かれているからだ。私が来たのは、あなたのことばのためだ。』」（10・12）

ダニエル書の十章では、「ひとりの人」が繰り返されています。「ひとりの人」（5節）、「一つの手」（10節）、「人の姿をとった者」（16節）、「人間のように見える者」（18節）。ここに登場する「ひとりの人」は誰を指しているのでしょうか。

九章において、預言の解き明かしをしたのは、大天使ガブリエルでした（21節）。しかし、ここではガブリエルという言及はありません。

5節～8節にある「ひとりの人」の描写を見ても、これが天使でないことは明かです。また、それを見たダニエルの反応を見ますと、私たちは復活のキリストに出会ったパウロや、幻を見たヨハネを想起します。特にヨハネの幻は、ダニエルの見た者と非常によく似ています。黙示録でも「人の子のような方」とあり、その光、声のとどろきが記されています。またそれを見たヨハネは、同じように地に倒れて死者のように力を失っています（黙示録1・12～17）。

そのような反応の後に、二人が受けたやさしい手とやさしい語りかけも同じです。ダニエルでは、まず手が彼に触れ、それから「神に愛されている者よ」という語りかけがあります（11節）。黙示録でも「彼は、右手を私の上において、こう言われた。『恐れるな』」とあります。

倒れているダニエル

ダニエルには、青年時代、順調なときがありました。苦しいときもありました。青

年時代の物語には、例えばこう記されています。「神は宦官の長に、ダニエルを愛しいつくしむ心を与えられた。」（1・9）

神が彼の人間関係を計ってくださり、おおよそのことがうまくいくようにしてくださったということです。一章17節には、「神はこの四人の少年に、知識と、あらゆる文学を悟る力と知恵を与えられた。ダニエルは、すべての幻と夢とを解くことができた」と記されています。つまり、神はダニエルの人間関係を祝し守られ、ダニエルに特別な能力と才能を与えて彼を用いてくださいました。やがて政府の仕事に就きますと、周囲にねたまれ、罠にかけられることもあります。しかし、そんな中でも、神さまが彼を守ってくださいました。そのような力強いダニエル、そのような勇気あるダニエルが、ここ十章では倒れているのです。

「私は、ひとり残って、この大きな幻を見たが、私は、うちから力が抜け、顔の輝きもうせ、力を失った。」（10・8）

人生、そういう時が必ずやって来ます。ここしばらく、ダニエルは断食ばかりしていました。九章では、ダニエルは先祖の罪を強く示され、それを自分のこととして受け止めて、断食します。十章では、「大きないくさのこと」（1節）を示され、「三週間の喪に服して」います。具体的にはよくわかりません。しかし歴史に起こる、自分の人生に降りかかる様々な困難を目のあたりにして、彼は、「満三週間、私は、ごちそうも食べず、肉もぶどう酒も口にせず、また身に油も塗」ることもありませんでした（3節）。本来能力もあり、人間関係にも恵まれ、おおよその危機を乗り越えてきたダニエルでありますが、そんなダニエルが、力を失い、首をうなだれるだけの苦しい体験もあったということです。

私たちも、人生に度々、こういうことはやってきます。一晩中寝られないという日もあれば、その結果、やつれてしまったり、断食と思ってなくても、食欲がなくてどんどん痩せて行くような日もあるでしょう。逆境の中でも神さまに守られながら、しかし最終的には倒れて、その顔の輝きを失ってしまう日もやって来るでしょう。

キリストが触れてくださる

10節は、「ちょうどそのとき、一つの手が私に触れ、私のひざと手をゆさぶった」と展開します。11節には「私は今、あなたに遣わされたのだ」と「ひとりの人」である主がダニエルに語ります。つまりダニエルが顔の輝きを失い、力失せたその時に、父なる神がイエス・キリストをダニエルのところに遣わされたということです。主は私のところに来てくださる。私のために来てくださる。特別な形で来てくださる。その目的は一つ――私が元気になるために父なる神さまより遣わされて来られ、そのために私に触れてくださいます。

触れるというのは、とてもパーソナルなことです。小さな子どもは、お母さんのほっぺたを触ったり、自分のほっぺたをお母さんのほっぺたにくっつけたりします。しかもここで、主はダニエルに何度も触れておられます。10節だけではありません。16節「ちょうどそのとき、人の姿をとった者が、私のくちびるに触れた。」18節「すると、人間のように見える者が、再び私に触れ、私を力づけて、」主は私たちの顔の輝きが戻るまで何度でも触れてくださいます。

さらに、触れてくださる度に、一つのことが繰り返して語られます。11節では、触れて直ぐに「神に愛されている人ダニエルよ」と。19節でも同じく触れて直ぐに、「神に愛されている人よ」と。触れるたびに、「あなたは神に愛されている」というメッセージが語られているのです。

アメリカの医学雑誌に、娘に超未熟児の子どもが生まれたお父さんの投稿記事が載っていました。超未熟児はわずか600グラム。初めて対面したときに、もうびっくりしてしまいました。自分の指輪をとってその子につければ、腕まで肩まで入ってしまうのではないかと思うぐらい細かったそうです。その子にはお父さんがいなくて、お母さんである娘もショックで、（赤ちゃんと）上手に接することができません。

その時、看護婦さんから言われたそうです。

「この子の背中を指先でそっとなでてください。

そして、触れるたびに言ってください。

『愛しているよ。大切な大切な赤ちゃん』と。

赤ちゃんは、触れられている感触と、

愛情を注ぐ声を一つのこととして理解します」と。

苦しみの中にあったときに、ダニエルのところに神は主イエスを遣わされます。遣わされた主は何度でもダニエルに触れて、その度ごとに「神に愛されている人よ」と優しく力強く、神が私たちの味方であることを、私たちは神に大切にされていることを魂の奥へ届けてくださいます。

初めの日

主は、ダニエルにこう言われました。

「ダニエル。あなたが心を定めて悟ろうとし、あなたの神の前でへりくだろうと決めたその初めの日から、あなたのことばは聞かれている。」（12節）

そのように神に愛されたダニエルには、「初めの日」があったということです。その最初の日以来、彼が意識していようがいまいが、いつも彼の祈りは聞かれていました。その初めの日は、いつだったのでしょうか。「心を定めて」とあると、それが青年時代の王のごちそうを断った、「あの日」ではないかと考えさせられます。あの若い日以来、ずっと神はダニエルの祈りに特別に耳を傾けてこられました。

私たちにとっての「あの日」とは、いつのことでしょう。以前、教会のある方が洗礼を受けて間もなくして、お仕事でとっても難しい局面に立たされたことがありました。その方は、果たして相手が理解してくれるだろうかという、緊張の日、鞄に聖書一冊を入れて、その面談に臨みました。普通でしたら、鞄の中に他のいろんなものを入れて行くのでしょう。でもその方は、聖書を入れて面談に臨みました。もしかしたら、それがその方にとって、自分は神以外、頼みとするものはないと決意した「初めの日」だったのかもしれません。

私たちには皆、神のみを第一とする「初めの日」があるはずです。スコットランドの西にアイオナ島という小さな島の教会の入り口に、こんな言葉が記されていると聞いたことがあります。

This is the first day of the rest of your life.
今日という日は、あなたの人生の残りの「初めの日」である。

神の御前で礼拝を捧げ、心を定めて御心を悟ろうとするとき、神の御前でへりくだろうと決めるとき、その日はいつでも、「初めの日」になります。もし今日、私たちは、心を定めて神さまの御前にへりくだるのなら、その「初めの日」から、主は私の祈りを聞いていてくださいます。どんなに倒れて顔の輝きを失い、力を失って失望してしまったとしても、主は何度もやって来ては、ご自身の愛を教えてくださいます。

藤本　満（ふじもと・みつる）

1957年京都生まれ。一橋大学、アズベリー神学校ドリュー大学大学院でジョン・ウェスレーの研究において哲学博士号（Ph.D.）取得。
現在、イムマヌエル綜合伝道団高津キリスト教会牧師。イムマヌエル聖宣神学院教師、青山学院大学兼任講師（キリスト教概論）、東京神学大学非常勤講師（ウェスレー）。

主な著訳書
著書：『ウェスレーの神学』（福音文書刊行会、1990年）、『エリヤとエリシャ』（いのちのことば社、1999年）、『ガラテヤ人への手紙』（インマヌエル綜合伝道団出版事業部、2002年）、『祈る人びと』（いのちのことば社、2005年）、『わたしの使徒信条』（いのちのことば社、2012年）、『乱急流を飛ぶ――旧約聖書ダニエルから』（アマゾンkindle版、2013年）、『聖書信仰――その歴史と可能性』（いのちのことば社、2015年）、シリーズ：私たちと宗教改革第1巻「歴史　私たちは今どこに立つのか」（日本キリスト教団出版局、2017年）

訳書：『ウェスレー説教53』上中下、共訳・各説教に解説付き、（インマヌエル綜合伝道団出版事業部、1995年、1997年）、ジョン・ウェスレー『キリスト者の完全』（インマヌエル綜合伝道団出版事業部、2006年）、ジョン・ハイパー『イエス・キリストの受難』（いのちのことば社、2004年）、W. J. エイブラハム『はじめてのウェスレー』（教文館、2013年）

YOBEL 新書 048

乱気流を飛ぶ
——旧約聖書ダニエル書から

2018 年 4 月 25 日 初版発行

著　者 —— 藤本　満

発行者 —— 安田正人

発行所 —— 株式会社ヨベル　YOBEL, Inc.

〒 113-0033 東京都文京区本郷 4-1-1　菊花ビル 5F
TEL03-3818-4851　FAX03-3818-4858
e-mail：info@yobel.co.jp

印　刷 —— 中央精版印刷株式会社

配給元—日本キリスト教書販売株式会社（日キ販）
〒 162 - 0814　東京都新宿区新小川町 9 -1
振替 00130-3-60976　Tel 03-3260-5670

　ISBN978-4-907486-71-6 C0216

第一期　渡辺善太著作選　全 13 冊 + 別巻 1 （予定）
ヨベル新書・予 206 頁〜予 360 頁

❶　偽善者を出す処 ── 偽善者は教会の必然的現象 ──
304 頁　ISBN978-4-946565-75-5 C0016　本体 1800 円 + 税

❷　現実教会の福音的認識
316 頁　ISBN978-4-946565-76-2 C0016　本体 1800 円 + 税

❸　聖書論 ── 聖書正典論　1/ I
288 頁　ISBN978-4-946565-77-9 C0016　本体 1800 円 + 税

❹　聖書論 ── 聖書正典論　2/ I
256 頁　ISBN978-4-946565-78-6 C0016　本体 1800 円 + 税

⑤　聖書論 ── 聖書解釈論　1/ II
予 240 頁　〈第 9 回配本予定〉

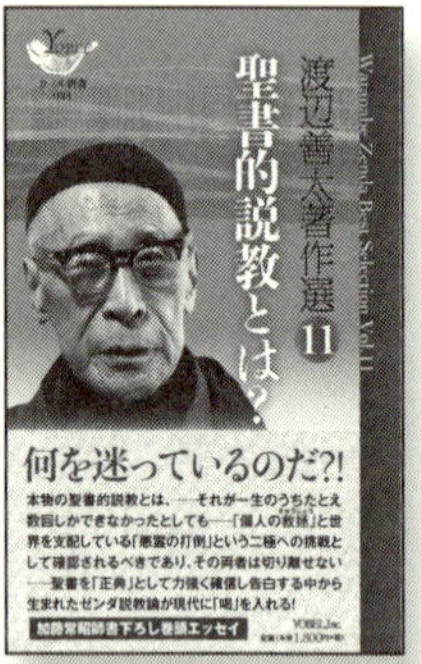

⑥　聖書論 ── 聖書解釈論　2/ II
予 240 頁

⑦　聖書論 ── 聖書解釈論　3/ II
予 240 頁

⑧　聖書論 ── 聖書神学論　1/ III
予 220 頁

⑨　聖書論 ── 聖書神学論　2/ III
予 220 頁

⑩　聖書論 ── 聖書学体系論　─試論、ほか
予 220 頁

⓫　聖書的説教とは？
320 頁　ISBN978-4-946565-80-9 C0016　本体 1800 円 + 税

⓬　説教集　わかって、わからないキリスト教
308 頁　ISBN978-4-946565-79-3 C0016　本体 1800 円 + 税

⓭　説教集　人間──この失われたもの
360 頁＊「銀座の一角から」を改題

⓮　新約聖霊論　〈次回配本予定〉
予 200 頁